お客様を護る！生命保険活用術

出口から考える生命保険の提案方法

CFP®・1級FP技能士 **松木 祐司** 著
Yuji Matsuki

近代セールス社

はじめに

　保険業界に転職して、初めての見込客と目論まれるのは決まって縁故知人。最初に一番大切な人に案内をしてきなさいと、背中を押されるのですが…。新規開拓ができなければ、わずか2年で行き先がなくなり、保険業界を去っていくと言われています。

　そのため、友人の新しい仕事を応援しようと提案を受け入れて、これまでの保険を解約した優しい方々は、担当者のいなくなった契約と付き合っていかなければなりません。この契約を結んだ担当の営業マンがいなくなった契約は"孤児契約"と呼ばれています。

　これほどまでに離職率が高いのですから、世間には孤児契約があふれています。つまり、多くの契約者が加入した保険の相談相手がいなくなってしまっているのです。

　そんな状況で、保険コンサルタントのあなたと知り合い、あなたはお客様から新しい保険契約を委ねられたのです。お客様に二度と同じ思いをさせないことが私たちの責務であるとともに、孤児契約となっている既契約に対しても、解約を促し乗り換えていただくだけでなく、お客様の万一のときに有効なアドバイスができなければ、コンサルタントとは言えません。

　生命保険に関する書籍はたくさんありますが、保険の仕組みや保険会社の体制、商品内容を誹謗するものも多いようです。そんな書籍を読んだところで、孤児契約の保有者となった契約者は何ら救済される訳ではありません。むしろその内容を鵜呑みにして、大切な保険を安易に解約してしまう方が心配です。

　孤児契約でも良いものは安心して継続していただき、万一のときには

1

有効に活用できるようにアドバイスをすることが、私たちの責務ではないでしょうか。

　自分の扱う商品だけではなく、他の営業マンから加入したものに対しても、現在販売している保険商品だけではなく、何年も前に加入されたものについても、その効果を高める情報提供ができれば、本当の保険コンサルタントと言えるのではないでしょうか。

　自分の扱えない保険商品の規定を理解することは困難を極めますし、保険会社に既契約の規定を問い合わせても、そう簡単に教えてもらえるものでもありません。しかし、保険会社の枠を超えて、保険商品の可能性を理解しておけば、お客様と二人三脚で保険会社に打診をすることは可能となるのです。

　本書が保険商品の可能性を理解し、一層お客様のお役に立てるコンサルタントになる一助となれば幸いです。自分の扱える保険商品の優劣に一喜一憂するのではなく、保険会社の枠を超えて、お客様を護るための知識を皆で広げていきましょう。

　2019年　5月

松木　祐司

目　次

はじめに

序 章　生命保険でお客様を護る

1．闘病を余儀なくされたお客様 ……………………………… 008

2．お客様が加入している生命保険 ………………………… 009

3．生命保険の見直しに着手 ………………………………… 011

4．保険料負担の軽減も提案 ………………………………… 015

5．保険の効果を最大限に享受する ………………………… 021

第1章　保険の基本を理解する

1．最も良い保険商品とは …………………………………… 024

　①10年更新の定期保険 …………………………………… 024

　②70歳満期の定期保険 …………………………………… 025

　③80歳満期の定期保険 …………………………………… 025

　④100歳満期の定期保険 ………………………………… 026

　⑤70歳払いの低解約返戻金型終身保険 ……………… 026

2．死亡率から保険を考える ………………………………… 027

3．一定期間の保障から考える ……………………………… 028

　①10年更新の定期保険 …………………………………… 028

　②70歳満期の定期保険 …………………………………… 028

　③80歳満期の定期保険 …………………………………… 029

　④100歳満期の定期保険 ………………………………… 029

　⑤70歳払いの低解約返戻金型終身保険 ……………… 029

4．保険機能活用の観点から考える ………………………… 034

4

目　次

第2章　保険商品ごとの機能を活用する

1. 収入保障保険 ････････････････････････････････････ 038

①収入保障保険の変換例 ･････････････････････ 041

②保険料払込免除特約は必要なのか ･･････ 046

2. 終身保険 ･･ 048

①払済み保険への変更 ･･････････････････････ 049

②保険料の自動振替貸付 ･･･････････････････ 050

③保険料払込期間の延長例 ･････････････････ 052

④延長（定期）保険 ････････････････････････ 054

3. 定期保険 ･･ 058

①年満了 ･･････････････････････････････････････ 059

②歳満了 ･･････････････････････････････････････ 059

③保険会社独自の定期保険の機能 ･･････････ 061

④非喫煙・優良体料率の取扱い ･･････････････ 062

⑤保険期間の延長 ･･･････････････････････････ 064

⑥保険種類の変換 ･･･････････････････････････ 068

⑦変換による証券分割 ･･････････････････････ 070

⑧長期平準定期保険の変換 ･････････････････ 073

⑨保険期間の短縮 ･･･････････････････････････ 077

4. 養老保険 ･･ 080

①保険期間の延長 ･･･････････････････････････ 081

②延長保険への変更 ････････････････････････ 081

第3章　治療現場からがん保険を考える

1. 日本におけるがんの保険の歴史 ････････････････ 084

5

目　次

2．がんの罹患状況 ……………………………… 085

3．がん保険に必要な保障内容 ………………… 091

4．がんの治療法＝三大療法 …………………… 092

　①手術療法 …………………………………… 093

　②化学（薬物）療法 ………………………… 093

　③放射線療法 ………………………………… 094

5．がんの治療にはいくらかかるか …………… 095

6．保険外診療の選択 …………………………… 101

7．がん治療に必要な保障内容 ………………… 104

第4章　保険機能の活用を考える

1．解約の前にできること ……………………… 116

2．保険期間の短縮と変換（コンバージョン）…… 118

3．本当の福利厚生保険とは …………………… 126

4．保険料の払込免除特約は必要か …………… 134

5．終身保険の保険料払込免除特約 …………… 141

終　章　保険金支払時のコンサルティング

1．保険金の受取方法＝分割・据え置き ……… 144

2．保険金の受取方法＝隠す・守る …………… 145

3．お客様の意向とアドバイス ………………… 146

おわりに

付録●各生命保険会社の保険商品の保全機能に関するアンケート … 149

序　章

生命保険で
お客様を護る

保険コンサルタントの存在意義は何か？

それは、ご機嫌伺いの連絡をすることでも、食事に誘うことでもありません。また、バースデーカードを贈ることでも、カレンダーを配ることでもありません。万一のときにお客様を護ることではないでしょうか。

本書で使用している保険料や解約返戻金は、2019年2月時点のある保険会社の試算を掲載させていただいています。数値は保険会社や性別、喫煙の有無などで異なり、汎用性があるものではないことをご承知ください。

では、まず始めに本書を執筆するきっかけについて、綴りたいと思います。

1. 闘病を余儀なくされたお客様

あるとき、お客様が大腸がんの疑いで入院することになりました。手術後しばらくしてお見舞いに伺うと、お客様は病室にいたご家族を退室させて筆者と2人になり、重い口を開きました。
「便通が悪いことを自覚してから半年経って検査をしたら、もう大腸カメラも通らない状態にまでがんが進行していて、手術をしても全部取り切れなかったよ。腹膜に散っていて原発巣も分からない状態だった。余命2年半の症例だと宣告されたよ。便通が悪いと自覚症状があったのに、忙しさにかまけて半年も放置していた自分が悪い。仕方ないよ…」と。

お客様は個人事業主で傷病手当金はありません。使用人だけでは事業を継続できず、闘病中は収入が途絶えてしまいます。そんな状況で救いとなったのが、所得補償保険と長期障害団体所得補償保険（以下、GLTD）に加入していたことでした。

序　章 ● 生命保険でお客様を護る

　筆者と初めて面談をしたときに、その保険の必要性を説明し加入を促したものの、加入はされませんでした。ところが、5年ほど経って自ら加入を希望されたのです。虫の知らせでもあったのでしょうか、それとも50歳を前に保険のことを考え直したのでしょうか。それからわずか2年で、今回の事態となってしまいました。

　傷病手当金は給付されないものの、所得補償保険とGLTDにより、闘病期間中は70歳まで毎月100万円の給付金が受けられるため、治療費と家族の生活費は賄うことができそうでした。
　お客様が重篤な病気に罹患したことを、面と向かって打ち明けられたのは初めてのことでした。どんなお見舞いの言葉をかけたらよいかも分からず、保険のコンサルタントとして、大きなプレッシャーと使命感にかられました。自分は何をするべきなのか？　お客様が自分を選んでくれた恩に報いるためには、どんなことをすればよいのだろうか…と考えましたが、筆者には保険の効果を高めてあげることしか思いつきませんでした。

2．お客様が加入している生命保険

　そこで、手術の傷が癒えた頃合いを見計らって、生命保険の見直しについての提案をしました。既契約は**図表1**の通りで、収入保障保険、70歳満期、月額35万円・入院特約1万5,000円・ガン入院特約1万円・変額終身保険2,000万円／70歳払い・利率変動型終身保険2,000万円、70歳払い×2本に加入していました。いずれの契約も孤児契約で担当者は不明でした。
　図表2は、保障額（一時金受取額）の推移を時系列で表したものですが、加入時には約1億5,200万円あったものが、入院された50歳の時点

9

図表1　お客様が加入している生命保険の契約内容

```
・収入保障保険        月額35万円   42歳加入   70歳満期
     入院特約15,000円  ガン入院特約10,000円  月払保険料35,000円
・利率変動型終身保険   2,000万円   40歳加入   70歳払
                                       月払保険料53,000円
・利率変動型終身保険   2,000万円   40歳加入   70歳払
                                       月払保険料53,000円
・変額終身保険         2,000万円   40歳加入   70歳払
                                       月払保険料48,000円
                              合計月払保険料189,000円
```

図表2　契約内容の保障額の推移

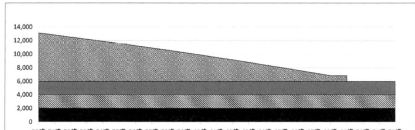

　では約1億3,000万円までに保障額が減少しています。さらに今後も、毎年約300万円もの保障が減少していきます。
　1日でも長く家族とともに時間を過ごしたいという想いで、頑張って治療をすればするほど、残された家族が受け取れる保険金が減少してしまうのです。

図表3 収入保障保険の一時金受取額の推移

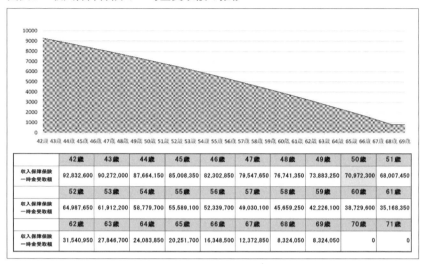

　まず、この理不尽な収入保障保険の難点を解決するための見直しに取りかかりました。「余命を宣告されてから生命保険を見直すことなんてできるはずがない」と違和感を覚える方もいるかもしれませんが、保険会社によってはこんな状況でも見直しが可能なのです。

3．生命保険の見直しに着手

　見直しの手順と内容は、まずは収入保障保険の「変換（コンバージョン）」を案内いたしました。変換になじみのない保険会社の方は、転換のことと勘違いされるかもしれませんが、変換とは健康状態を問わずに他の保険種類に加入し直せる仕組みです。収入保障保険を解約して、無告知・無診査で他の保険に加入し直せるのです。

　契約されている収入保障保険は、50歳の現時点での一時金受取額は約7,000万円。1年経過するごとに約300万円が減っていきます。保険金額

図表4　収入保障保険の一時金受取額の推移

基本年金月額		35万円
契約日から	年齢	一時金受取額
1ヵ月	42歳	92,832,600
1年1ヵ月	43歳	90,272,000
2年1ヵ月	44歳	87,664,150
3年1ヵ月	45歳	85,008,350
4年1ヵ月	46歳	82,302,850
5年1ヵ月	47歳	79,547,650
6年1ヵ月	48歳	76,741,350
7年1ヵ月	49歳	73,883,250
8年1ヵ月	50歳	70,972,300
9年1ヵ月	51歳	68,007,450
10年1ヵ月	52歳	64,987,650
11年1ヵ月	53歳	61,912,200
12年1ヵ月	54歳	58,779,700
13年1ヵ月	55歳	55,589,100
14年1ヵ月	56歳	52,339,700
15年1ヵ月	57歳	49,030,100
16年1ヵ月	58歳	45,659,250
17年1ヵ月	59歳	42,226,100
18年1ヵ月	60歳	38,729,600
19年1ヵ月	61歳	35,168,350

の減少を食い止められれば、万一のときには家族の受け取る保険金を減らさずに済むのです。

図表3はお客様が加入されている収入保障保険の一時金受取額の推移です。

重篤な病気に罹患された場合に保険を見直すポイントは次の3点です。

①保障の確保：保障の減少・保障切れを防ぐ

②保険料負担の軽減

③手元資金の確保

収入保障保険の見直すポイントは、ズバリ「保障の確保：保障の減少・保障切れを防ぐ」こととなります。

これを念頭に、お客様の状況と意向、加入している保険商品の保全機能に応じて、最善と思われる方法を考えて提案を行いました。

収入保障保険に加入した担当者の名刺が見つかったので、そのオフィスに連絡をして変換の申し出をしました。孤児契約となっていましたが、新しい担当者からの連絡はなく後任は不明でした。事情を説明すると、すぐにオフィスマネージャーが訪問してくれました。

図表4は契約していた収入保障保険の一時金受取額の推移です。

序　章 ● 生命保険でお客様を護る

　50歳時点での一時金受取額は約7,000万円、変換可能な保険種類は養老保険と終身保険で、定期保険には変換できないとのことでした。変換できる保険金額は、2年経過後の一時金受取額の範囲内などと減額された保険金額とする保険会社もありますが、現時点での一時金受取額の範囲内で可能とのことでした。

　しかし、変換してしまうと入院特約1万5,000円とがん入院特約1万円の保障が消滅してしまいます。余命を宣告された状態では死亡保障の減少はくい止めたいところですが、これから抗がん剤治療等で入退院を繰り返すことも予想されるなかで、入院特約の消滅は避けなければなりません。

　すると、オフィスマネージャーが減額による変換も可能で、収入保障保険を月額5万円残せば、入院特約は1万5,000円から1万円に減額されるものの、がん入院特約は1万円のまま存続できるとのことでした。

　現在では、入院保障を特約で準備できる保険会社も少なくなり、医療保険は単品契約が主流となっていますが、特約という危うさと減額分の変換が可能であることの重要性も再認識させられました。そこで、オフィスマネージャーの試算どおりに、月額35万円の収入保障保険を5万円分残し、30万円の減額分を変換することとしました。

　現契約の月額35万円に対して、50歳時点の一時金受取額は約7,000万円ですから、（7,000万円×30／35）月額30万円分の変換となると、6,000万円の終身保険に変換することが可能となりました。終身保険に変換したことで収入保障保険の保障額の減少がくい止められ、6,000万円分の保障は減少させずに確保することができました。

　収入保障保険の変換後は、**図表5、6**のように収入保障保険の5万円

13

図表5　収入保障保険変換後の一時金受取額の推移

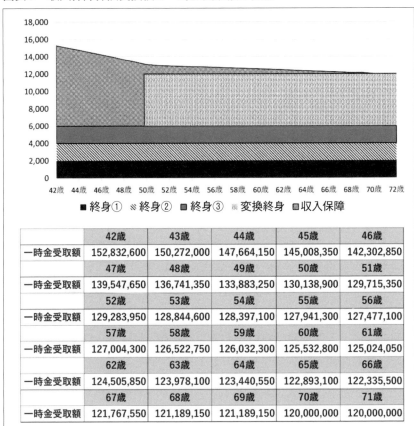

	42歳	43歳	44歳	45歳	46歳
一時金受取額	152,832,600	150,272,000	147,664,150	145,008,350	142,302,850
	47歳	48歳	49歳	50歳	51歳
一時金受取額	139,547,650	136,741,350	133,883,250	130,138,900	129,715,350
	52歳	53歳	54歳	55歳	56歳
一時金受取額	129,283,950	128,844,600	128,397,100	127,941,300	127,477,100
	57歳	58歳	59歳	60歳	61歳
一時金受取額	127,004,300	126,522,750	126,032,300	125,532,800	125,024,050
	62歳	63歳	64歳	65歳	66歳
一時金受取額	124,505,850	123,978,100	123,440,550	122,893,100	122,335,500
	67歳	68歳	69歳	70歳	71歳
一時金受取額	121,767,550	121,189,150	121,189,150	120,000,000	120,000,000

部分のみが減少する保障推移となりました。

　変換可能な保険種類のなかで、変換後の保険料がもっとも安くなるプランは、終身保険の終身払いでしたが、それでも50歳の時点で6,000万円もの終身保険に加入するとなると、毎月の保険料は14万5,920円となり、保険料負担が増加してしまいました。既契約の終身保険の保険料と合わせると、毎月の保険料は31万4,920円となってしまいました。

序　章 ● 生命保険でお客様を護る

図表6　収入保障保険を7分の6変換後の契約内容

・収入保障保険	月額5万円に減額	月払保険料15,000円
	入院特約10,000円　ガン入院特約10,000円	
・終身保険	6,000万円に変換	月払保険料145,920円
・利率変動型終身保険	2,000万円	月払保険料53,000円
・利率変動型終身保険	2,000万円	月払保険料53,000円
・変額終身保険	2,000万円	月払保険料48,000円
		合計月払保険料314,920円

　闘病で事業が継続できず、収入が途絶えているなかで、所得補償保険からの給付金が100万円あるとはいえ、毎月31万円もの保険料を払い続けるのは厳しいものでした。

4．保険料負担の軽減も提案

　次に、この保険料負担を軽減させる見直しを提案いたしました。終身保険は延長（定期）保険に変更することが可能な保険会社があります。延長保険は、保険料の払込みを停止しても、保険金額を減らさずに保障を確保することができます。払済み保険への変更という方法もありますが、払済み保険は、保険料負担はなくなりますが保険金額が削減されてしまいます。

　延長保険は、終身保険の責任準備金で一時払いの定期保険に加入する仕組みです。保険金額は終身保険と同額となりますが、保険期間はその時点での年齢と責任準備金に応じて計算されます。つまり、保険料の負担なく、一定期間は終身保険と同額の保障を維持できるのです。そこで、

15

利率変動終身保険と変額終身保険を延長保険に変更することを提案いたしました。

　終身保険を加入した担当オフィスが分からなかったので、お客様サービスセンターにお客様から連絡をしてもらいました。終身保険を延長定期保険に変更した場合の保険期間を問い合わせると、ここでは対応できないとのことで、現在の担当者から案内させるとの返答でした。契約者本人が電話を入れているのに、簡単な試算にもかかわらず応じてもらえませんでした。即答はもとより、折り返しの連絡も郵送での案内もできないと言われてしまいました。

　担当コンサルタントが面談で対応するのが最良の顧客サービスという、自社の価値観をお客様に押し付けているのか、解約防止の施策なのかは分かりませんが、状況によっては人との接触は煩わしく、郵送で事務的な処理を望まれる契約者がいるということも理解してもらえませんでした。

　後日、後任の担当者を名乗る者から電話がありました。試算した保険期間の結果をファックスやメール、口頭ででも回答してくれればよかったのですが、電話では回答せずに訪問するとのことでした。仕方なく訪問日を待ちましたが、当日になって一方的に訪問できないとのアポイント反故の連絡があり、その後連絡は途絶えてしまいました。

　これ以上、余計なストレスを闘病中のお客様に与えることは避けたいと思い、設計書に延長期間の表示がされる他の保険会社のソフトで試算し、**図表7**の通り概算の延長期間を把握することにしました。

序　章 ● 生命保険でお客様を護る

図表7　延長定期保険に変更後の保険期間

経過年数	年齢	保険金額	払済保険金額	延長定期保険
1	41歳	60,000,000	787,000	3年 0ヵ月
2	42歳	60,000,000	2,325,000	7年 7ヵ月
3	43歳	60,000,000	3,855,700	11年 0ヵ月
4	44歳	60,000,000	5,378,400	13年 7ヵ月
5	45歳	60,000,000	6,893,200	15年 8ヵ月
6	46歳	60,000,000	8,400,200	17年 4ヵ月
7	47歳	60,000,000	9,899,600	18年 7ヵ月
8	48歳	60,000,000	11,390,600	19年 6ヵ月
9	49歳	60,000,000	12,874,900	20年 2ヵ月
10	50歳	60,000,000	14,350,600	20年 8ヵ月
11	51歳	60,000,000	15,746,100	21年 0ヵ月
12	52歳	60,000,000	17,134,700	21年 3ヵ月
13	53歳	60,000,000	18,516,600	21年 5ヵ月
14	54歳	60,000,000	19,894,100	21年 5ヵ月
15	55歳	60,000,000	21,265,000	21年 5ヵ月
16	56歳	60,000,000	22,633,000	21年 5ヵ月
17	57歳	60,000,000	23,996,600	21年 3ヵ月
18	58歳	60,000,000	25,359,000	21年 2ヵ月
19	59歳	60,000,000	26,720,600	21年11ヵ月

　40歳加入70歳払いの終身保険で、加入後10年経過した50歳の時点では、20年程度の延長期間が得られることが予想できました。これで、利率変動型終身保険2,000万円2本と変額終身保険2,000万円の合計6,000万円を延長保険へ変更すれば、毎月約15万円の保険料負担を削減することが可能となり、当初の契約における保険料と同程度までに引き下げることができるようになります。

　しかし、闘病期間が20年に及ぶと延長保険に変更した場合は、保険期間が切れてしまうことを説明し、お客様の意向を確認すると、保障期間は5年あれば十分、10年あればお釣りがくる、仮に20年生き延びたとし

図表8　終身保険を延長保険に変更した商品内容

・収入保障保険	月額5万円に減額	月払保険料15,000円
	入院特約10,000円　ガン入院特約10,000円	
・終身保険	6,000万円に変換	月払保険料145,920円
・利率変動型終身保険	2,000万円→延長保険20年8ヵ月？	
		月払保険料53,000円→0円
・利率変動型終身保険	2,000万円→延長保険20年8ヵ月？	
		月払保険料53,000円→0円
・変額終身保険	2,000万円→延長保険20年8ヵ月？	
		月払保険料48,000円→0円
		合計月払保険料160,920円

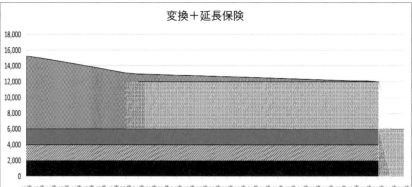

図表9　変換等による保障と月払保険料の推移

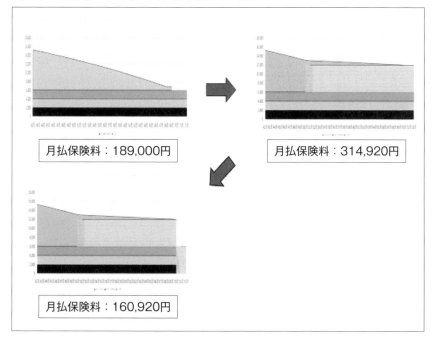

ても、そのときには子どもたちも成人し、妻も年金が受け取れる年齢になっているので、大きな保障は不要となっているとのことでした。

まして、もともと加入していた保険を継続していても、20年後には収入保障保険が満了となり終身保険3本の6,000万円が残るだけなので、20年後に収入保障保険から変換した終身保険6,000万円だけになったとしてもまったくデメリットには感じない。ぜひ保険料を引き下げてほしいとのことでした。

そこで、終身保険3本を延長保険に変更すると保険料負担と保障額の推移は図表8のようになりました。

これまでの保障額の推移は図表9のようになりました。

図表10　終身保険の延長保険への変更後の保険期間

経過年数	年齢	延長期間
1	51歳	2年2ヵ月
2	52歳	5年9ヵ月
3	53歳	8年6ヵ月
4	54歳	10年7ヵ月
5	55歳	12年2ヵ月
6	56歳	13年3ヵ月
7	57歳	14年1ヵ月
8	58歳	14年9ヵ月
9	59歳	15年2ヵ月
10	60歳	15年7ヵ月

収入保障保険を変換し、終身保険を延長保険に変更することで、保障を維持しながら保険料負担を若干ですが削除することができました。

その後、お客様の完治を祈りつつ経過を見守りました。しかし、無情にも病状は進行するなかで、子どもの教育費負担が高まり、GLTDからの給付金だけでは16万円の保険料を支払うことも厳しくなってきていたようでした。

そこで、3年目を無事に迎えられたところで、次の提案を行いました。

収入保障保険から変換した終身保険も延長保険へ変更ができます。加入後3年が経過した時点で保険料の払込みを停止しても、8年6ヵ月の保障期間が得られました（図表10）。

この終身保険6,000万円を延長保険に変更すれば、5万円の収入保障保険の保険料の1万5,000円だけの負担となります。しかし、今の時点では延長できる期間は、わずか8年6ヵ月間だと説明したところ、お客様は迷うことなく延長保険への変更を実行されました。

そして、収入保障保険から変換した終身保険も延長保険に変更することで、保障の推移と保険料は**図表11**のようになりました。

それから3年、治療の甲斐なくお客様はお亡くなりになりました。

病状を打ち明けられて6年、加入していた生命保険を加入時のまま継続した場合と比べれば、保険金が払われるまでの保険料を700万円程度削減でき、闘病中の生活を支えることができました。また、保険金の減

図表11　変更等による保障と月払保険料の推移

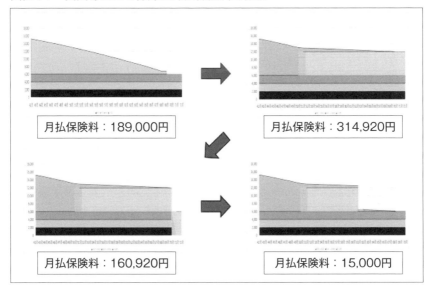

少を1,500万円程度防止することができ、残された家族の生活を支えることができました。

5．保険の効果を最大限に享受する

　さまざまな思いで、貴重なお金を投じて加入した生命保険なのですから、すべての契約者の方が保険の効果を最大限に享受できるように、自身の状況に応じた見直しをしていただきたいと思います。

　しかし、保険料の払込みが困難になったときに一般的に案内されるのは、自動振替貸付や払済み保険のようです。終身保険のすべての加入者が、当たり前のように延長保険の選択肢をアドバイスされている訳ではありません。また、すべての保険会社の終身保険に延長保険という機能が備わっている訳でもないのです。

収入保障保険の契約者は、保険料払込免除特約の付保を促されたことはあっても、あたりまえのように変換を案内されている訳ではありません。また、すべての保険会社の商品に変換という機能が備わっている訳でもないのです。

　まして孤児契約となってしまった契約者には、病状を打ち明けて相談できる人はいないのかもしれません。唯一の望みは、あなたに出会ったことなのです。

　お客様を護ることができるのは、縁があって契約の一部をお預かりした募集人の皆さんだけなのです。自分の販売した保険のメンテナンスだけではなく、保険会社の枠を超えて保険商品ごとの可能性を理解して、お客様にアドバイスをすることが私たちの責務ではないでしょうか。

　一人でも多くの保険契約者に保険の効果を最大限に享受していただくアドバイスを、一人でも多くの保険コンサルタントにしていただきたい。本書を企画したのはそんな想いからです。

　次章では保険商品ごとの可能性について考えてみましょう。

第1章

保険の基本を
理解する

それでは、生命保険について基本的なところを再確認してみたいと思います。

　生命保険の基本というと、定期保険・養老保険・終身保険の３つの保険種類についての話を想像する方も多いと思います。しかし、そんな商品特性の説明をしても、お客様はどんな保険を選べばよいのか、判断はつきません。眠くなるだけではないでしょうか。

　そこで、ズバリどんな保険に加入するのが効果的・効率的・経済合理性があるのかという視点で、保険商品の分析をしてみたいと思います。

１．最も良い保険商品とは

　生命保険の保険料は、基本的に加入時の年齢と保険期間に応じて決まり、加入時の年齢が高く保険期間が長期間にわたるほど高くなります（養老保険を除く）。また、同じ保険期間でも保険料の払込期間が短ければ保険料は高くなり、保険料の総払込累計額は少なくなります。

　そして、掛け捨ての保険商品よりも解約返戻金や満期保険金のある保険商品の方が、保険料は高くなる傾向にあります。

　それでは、40歳男性、保険金額１億円で保険種類ごとの保険料を試算してみましょう（**図表１−１**）。喫煙の有無や優良体料率など、また保険会社によって保険料は異なりますが、ここでは、ある保険会社の標準体の保険料を例に見ていきます。

①10年更新の定期保険

　40歳で契約してから10年間の保険料は毎月２万1,900円と、他の保険種類よりも安くなります。しかし、10年ごとの更新時の年齢で保険料が再計算され、50歳から４万5,400円、60歳からは10万1,100円となる予定

第1章 ● 保険の基本を理解する

図表1−1　保険種類別・月払保険料の例

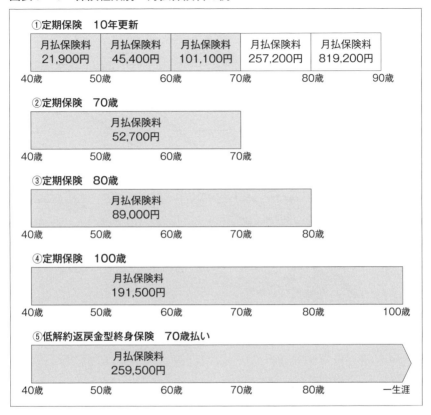

です。

②70歳満期の定期保険

70歳までの保障が必要であれば、40歳から10年ごとに更新するのではなく、当初から70歳までの保険期間で契約をした場合です。①と比べると当初の保険料は5万2,700円と割高になりますが、70歳まで保険料は一定となり、30年間の保険料の払込総額は①の「10年更新の定期保険」を下回ります。

③80歳満期の定期保険

80歳までの保障を準備した場合、毎月の保険料は8万9,000円となり

図表1-2 保険商品別の払込保険料累計

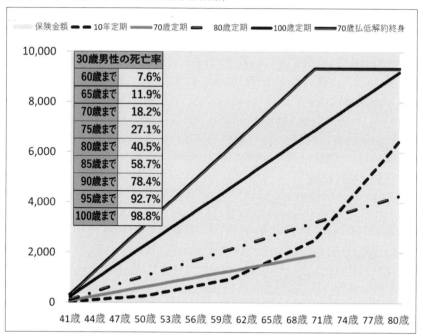

ます。

④100歳満期の定期保険

100歳までの保障を準備しようとなると、毎月の保険料は19万1,500円となります。

⑤70歳払いの低解約返戻金型終身保険

終身保険なので、解約をしない限り保障が切れることなく必ず保険金が支払われます。

では、どのタイプの保険に加入するのが正解なのか。これが究極の疑問なのですが、その答えはというと…。

それは、何歳で保険金が払われることになるのかによって異なり、どんな保険に加入しておけばよかったのかは結果論で、事前に図り知るこ

第1章 ● 保険の基本を理解する

とができないのはご存知のとおりです。それでも、どんな保険に入っておくのが無難なのかを、死亡率から検証してみましょう。

2．死亡率から保険を考える

　図表1－2は各保険種類の保険料の払込累計を時系列で示したものです。

　70歳までに亡くなるのであれば、70歳定期保険か10年更新を選んでおけば、最も払込保険料が少なく効率的だったと言えます。しかし、男性の70歳までの死亡率は18.2％に過ぎず、高度障害保険金の支払いを合わせても約80％の方は70歳定期保険で約1,900万円、10年更新では約2,000万円もの保険料が掛け捨てとなってしまいます。

　80歳までに亡くなるのであれば、80歳定期保険や10年更新に加入したのが効率的で、終身保険や100歳定期保険などに入っているのは非効率だったということになります。

　80歳までの死亡率は約40％で、更新タイプの保険は悪い保険と論ずる評論家もいるようですが、約40％の方にとっては10年ごとに保険料が高くなっても、効率的な保険を選んだことになるのです。

　80歳を無事に迎えた場合には、10年更新では約5,107万円、80歳定期保険でも約4,272万円もの保険料が掛け捨てとなり保障も消滅してしまいます。90歳まで更新できる保険であれば、78.4％の方が掛け捨てとならず保険金を受け取ることができます。

　しかし、80歳からの月払保険料は81万9,200円となり、40歳から90歳まで1億円の保障を得るために支払う保険料の累計は、なんと保障額の約1.5倍の1億4,937万円となり、それでも90歳を無事に迎える約20％の

27

方には保険金は支払われず掛け捨てとなってしまいます。

3. 一定期間の保障から考える

保険期間は何歳まで加入するのがよいのか、事前に計り知ることができないなら、万一があってもなくても、納得できる加入方法はどの保険なのでしょうか。40歳男性が子どもの自立までなど、30年間だけの保障を準備する場合について検証してみましょう（図表1－3）。

30年間の保障を得ることが目的なら、一般的には10年更新タイプの定期保険か70歳満期の定期保険に加入される方が多いと思われます（最近では収入保障保険に加入される方も多い）。

40歳男性の70歳までの死亡率は約18％です。多くの方が保険金を受け取ることなく無事に70歳を迎えるのですが、万一の場合に備えて30年間の保障を準備するには、どんな保険を選べば効率的でしょうか。

①10年更新の定期保険

これは当面の保険料をできるだけ安く、その場をしのぎたいという場合の選択とも言えます。しかし、その場しのぎで30年間経過すると、1億円の保障を30年間準備するには約2,020万円もの保険料が掛け捨てとなり、他の保険種類を選ぶよりも最も掛け捨てとなる金額は大きくなります。

②70歳満期の定期保険

30年間の保障を準備するなら、初めから30年間の保険期間で契約をすると、当初の保険料は10年更新よりも高いものの30年間の保険料は変更

第1章 ● 保険の基本を理解する

図表1-3 保険種類別の月払保険料の例

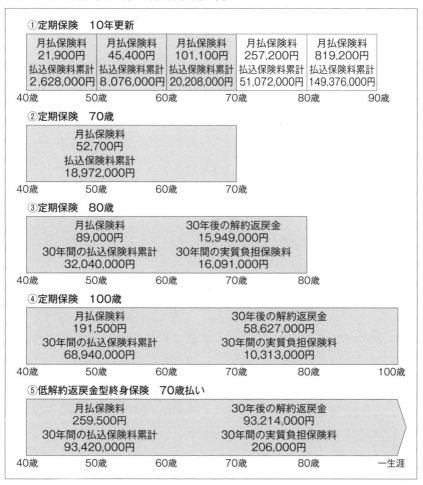

されずに、掛け捨てとなる金額は約1,897万円まで圧縮できます。

③80歳満期の定期保険
④100歳満期の定期保険
⑤70歳払いの低解約返戻金型終身保険

保険料はなるべく安くという既成概念から解放されて、保険料とセカ

ンドライフに備えた貯蓄を兼ねた予算で、万一があってもなくても納得できる合理的な保険を選ぼうと考えると、長期間の定期保険や終身保険も選択肢のひとつになってきます。

　子どもが成人するまでの30年間の保障があればいいと保険に加入しても、30年後に保障が不要になっているかは誰にも分かりません。長男と歳の離れた二男を授かっているかもしれないし、はたまた67歳でやっかいな病気にかかり、余命を宣告されているかもしれないのです。
　そんな状況で、契約どおりといえど70歳で保障が切れてしまうのはどうなのでしょう。加入時には70歳までの保障があればよいと思っていても、あえて80歳定期保険や100歳定期保険に加入して、保障が不要になったなら解約をすればよいという考え方です。

　将来の健康状態や経済状態に応じて、保険を継続するという選択肢を残すことが可能となります。万一、69歳でがんが見つかったような場合でも、保障切れを心配することなく治療に専念できるのです。

　一方、70歳満期の定期保険に加入して69歳でがんが見つかり、歳満了で自動更新もできない、変換も期間延長もできないとなったらどうでしょう。
　今亡くなってしまえば家族に１億円の保険金を残せるが、頑張って治療をして70歳を迎えてしまうと、治療費で貯金は枯渇しているかもしれないし、保障までなくなってしまうことを考えると、複雑な気持ちになってしまいます。こんな思いをさせないために、将来に選択肢を残せる生命保険を提案することも重要なポイントになります。

　また、80歳満期の定期保険に加入していて予定通りに70歳で保障が不

第1章 ● 保険の基本を理解する

図表1-4　70歳定期と80歳定期の比較

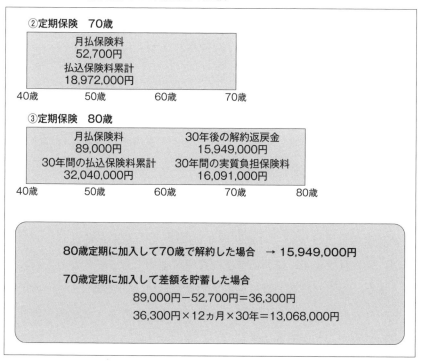

要となった場合でも、3,204万円の払込保険料に対して1,594万9,000円の解約金が戻り、実質負担保険料は1,609万1,000円と、掛捨てとなる保険料を圧縮できます。

　80歳満期の定期保険（月払保険料8万9,000円）などに入らずに、70歳満期の定期保険（月払保険料5万2,700円）に加入しておけば、保険料の差額3万6,300円が毎月貯蓄できる計算になります。30年間取り崩すことなく計画的に積み立てられたら、元本だけで1,306万8,000円が貯まる計算になります。

　一方、保険料と将来に向けた貯蓄を合わせた予算で、80歳満期の定期

保険に加入すれば70歳の時点で解約返戻金が1,594万9,000円貯まっています。毎月３万6,300円の積立で30年後に1,594万9,000円にするには、1.5％程度の利回りが必要となります（**図表１－４**）。

　保険料はなるべく安いものを選び、貯蓄は別途銀行で積み立てるという方は、保険と貯蓄を合わせた予算で保険商品を選んだ方が合理的とも言えそうです。住宅ローンをこまめに繰上げ返済するよりも合理的な保険に加入し、大きな保障が不要となったときにまとめて返済した方が、経済合理性は高くなるケースもありそうです。

　資産運用に長けていて目標利回り1.5％以上の成果を見込めるのであれば、保険料は安く、差額は積極的な資産運用でもよいのかもしれません。また、保険と貯蓄・資産運用を別途行えば、70歳までに万一のことがあった場合には、死亡保険金とは別に貯まった貯蓄・運用成果の両方を家族に残すことができます。

　しかし、69歳でがんを罹患し余命２年と宣告されたような場合でも、70歳満期の定期保険であれば70歳で有無を言わさず保障がなくなってしまいます（ソニー生命やあいおい生命、あんしん生命などは歳満了でも更新可能）。

　80歳満期の定期保険に加入していて70歳を過ぎて保険金を受け取った場合では、70歳満期の定期保険に加入していて保険料差額を貯蓄・運用していた場合の運用成果よりも、大きな保険金を家族に残すことが可能となるのです。相当な利回りを見込めるリスクの高い投資先でなければ、１億円まで増やすのは難しいのではないでしょうか。

　さらに、70歳満期の定期保険と終身保険の比較では、毎月20万6,800

第1章 ● 保険の基本を理解する

図表1－5　終身保険と70歳定期との比較

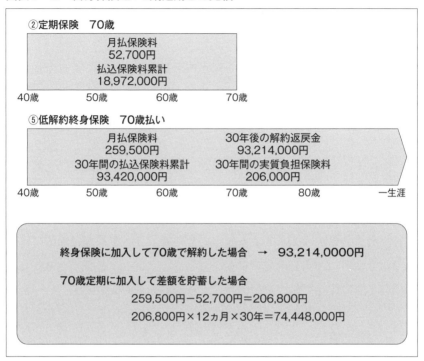

円の積立を30年後に9,321万4,000円にするには、1.7％もの利回りが必要なのです。30年間に万一のことがあってもなくても、納得できるように備えるためには、できるだけ安い保険料を選択するというよりも、掛け捨てとなる保障コストを抑えるという視点での選択が有効なようです（図表1－5）。

　その他にも、相談者の資産状況や職種によっても、小規模企業共済やiDeCo（イデコ）など、税効果の期待できる積立方法を鑑みたコンサルティングも必要になります。

4．保険機能活用の観点から考える

　以上が一般的に認知されている保険の常識なのですが、これは加入した生命保険を漫然と継続することを前提とした場合の話です。生命保険の機能を活用すれば、まったく異なる効果をもたらすことが可能となります。

　生命保険に加入した後から、いつでも自分の都合で保険期間を調整できたらどうでしょうか。どんな保険に加入していても、そのときの状況に最も適した保険に後から変更できるなら…。さらには、亡くなる直前に10年更新の保険に加入できるなら、その加入方法が最も合理的ではないでしょうか。70歳を過ぎてまもなくして亡くなることが分かるなら、70歳のときに10年更新の定期保険に入るのが効果的なのです。

　こんなことができるなら、それまでにどんな保険に入っているかなどは、大した問題ではなくなるのです。

　例えば、100歳定期保険に加入していても60歳で余命２年と宣告された場合には、70歳定期保険に変更することや、70歳定期保険に加入していても、もう少し闘病期間が長くなりそうなら80歳定期保険に変更できればよいのです。

　70歳で更新するだけではなく、加入時に遡って80歳定期保険に変更することが可能なら、状況に応じて保険期間を自由に選択することが可能となるのです（図表１－６）。

　どんな保険に加入しているのがよいかではなく、保険をどう機能させるかが重要となるのです。ですから乱暴な話ですが、これまでの生命保険の加入時のコンサルは意味がなくなるくらいに、生命保険のコンサル

第1章 ● 保険の基本を理解する

図表1-6　70歳定期を68歳時点で加入時に遡って80歳に変更

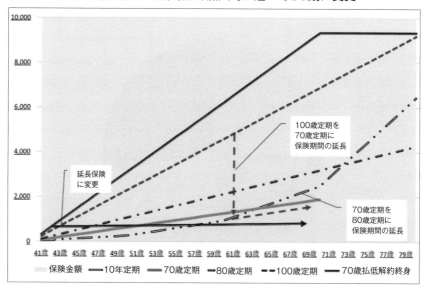

ティングのポイントが大きく変わるのです。

　あとからピッタリの保険期間を選べるなら、亡くなる直前に保険に加入し直すことができるのなら、最も効果的な保険を選ぶことが可能となるのではないでしょうか。

　そんなことができる訳ないだろうと、思われる方も多いと思います。仮に亡くなる時期がおぼろげながらも予見できたとしても、そんな状況では無選択の一時払い終身保険ぐらいしか加入できるわけがない、と。果たして本当にそうなのでしょうか。

　まずは、いつ亡くなるのかを知ることのできる可能性を考えてみましょう。

　図表1-7の通り、平成29年の日本人の死因の第1位はがん（悪性新生物）で、昭和56年以降死因の第1位になっています。多くのがんの場

図表1-7　平成29年の日本人の死因別死者数の割合

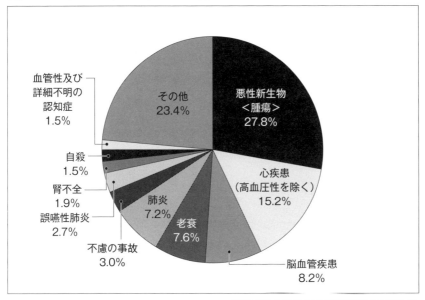

出所：厚生労働省「人口動態調査」（平成29年）

合、ある程度死期は察知できるのではないでしょうか。心疾患・脳血管疾患は突然死となることも多いでしょう。不慮の事故の場合は即死となることも、ある程度の闘病期間を余儀なくされる場合もあります。

　老衰・肝臓病・腎臓病・COPD・糖尿病・HIVなども、ある程度死期は察知できるのではないでしょうか。少なくとも4人に1人、おそらく3人に1人、もしかすると2人に1人は自分の死期をおぼろげながらにも察知できるのかもしれません。2人に1人の方が、あなたのアドバイスで保険の効果を高められる可能性があるのです。

　それでは、次章で死期を察知したお客様から保険の見直しの相談を受けた場合に、どんな提案ができるのかを、保険種類ごとに再確認していきましょう。

第2章

保険商品ごとの機能を活用する

生命保険の保険料は、誰から加入しても基本的には同じです。しかし、その保険の効果はコンサルタントによって大きく異なるのです。貴重なお金を投じて生命保険に加入しているお客様に、最大限の効果を享受してもらうことが、私たちに課せられた使命ではないでしょうか。

　お客様から「あなたに保険を任せて本当によかった」と言っていただくためには、何をすべきでしょうか。そこで、保険の種類ごとにその機能の効果的な活用方法を見ていきます。

1．収入保障保険

　収入保障保険は逓減定期保険や定期付終身保険に代わり、今では個人契約の死亡保障では中心的な保険商品となっています。特に損保系の生命保険会社の商品に人気が集中しているようです。また、死亡時のみならず、障害・介護・特定疾病・就労不能時でも給付を受けられるものまで登場しています。

　年齢とともに年々保障額が減少していくため、一定の保障額が継続する定期保険よりも保険料が割安で、ライフプランに応じた必要な保障が合理的な保険料で準備できることから、個人契約で支持されています。

　収入保障保険の加入に際しては、万一の場合に家族の必要とする生活費を賄うために、遺族年金や配偶者の収入では不足する金額を月額換算し、不足する期間を考えれば保障設計ができあがります。

　図表2－1の収入保障保険（例）で、40歳の男性が70歳まで毎月50万円の保障を得ようとした場合、ある保険会社における毎月の保険料は2万8,550円で、加入当初の一時金受取額は約1億6,300万円程度となります。

第2章 ● 保険商品ごとの機能を活用する

図表2−1　収入保障保険と定期保険の一時金受取額の比較

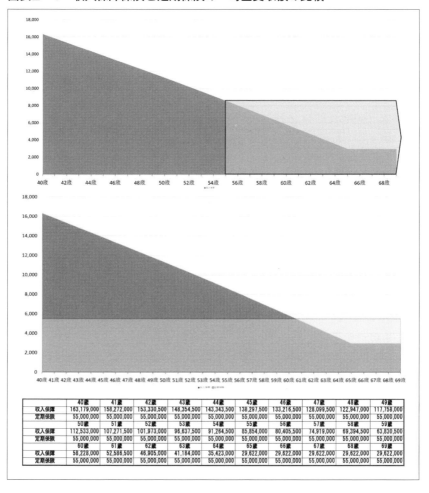

　毎月50万円の給付金という同一の設定でも、保険会社ごとに一時金受取額には違いが出るようですが、予定利率の引下げで、年金受取りの場合の累計金額と一時金で受け取った場合の金額の差が減少しているようです。

　また、生命保険は同じ保障内容なら、30歳で加入するよりも40歳で加

入した方が保険料は高くなるのが一般的ですが、収入保障保険の場合、同じ保障内容なら何年か経過した後に加入し直すと安くなるケースもあります。

　生命表の改定で保険料が改訂され、さらに保険料が安くなる傾向があるため、加入し直すことが推奨されています。

　一方、定期保険は2万8,985円程度の保険料で70歳までの保障を得ようとすると、保険金額は5,500万円となります。

　このように、収入保障保険は加入当初に大きな保障を得て、子どもの成長などに応じた必要な保障を得られる保険商品ですが、加入期間中にどんな状況の変化があっても、当初の契約どおりに毎年保障額が減少してしまう融通の利かない保険とも言えます。

　加入時の計画どおりリタイアに向けて貯蓄が増え、子どもの教育も順調に実現できているのであれば、毎年保障額が減ってもよいかもしれません。しかし、万一55歳でがんと宣告されたとしたらどうでしょうか。

　抗がん剤の副作用や病状の悪化で休職や退職を余儀なくされたら、収入が減少するなかで治療費を捻出しなければならず、貯蓄も枯渇した状態で亡くなったとしたらどうでしょうか。

　加入当初に試算した必要保障額で、家族の生活を守ることはできるのでしょうか。このような状況において、仮に62歳で亡くなったとしたら約4,600万円の保障額となりますが、これで家族の生活は守れるでしょうか。

　62歳で4,600万円の保障額があればよいというのは、加入時の計画どおり老後に向けた貯蓄ができていて、勇退退職金も受け取り、延長雇用で収入も得られるという前提での話です。どんなに状況が変化しても、

第2章 ● 保険商品ごとの機能を活用する

契約どおりに保障額が年々減少していってしまうのがこの保険なのです。

　ですから、収入保障保険には健康状態を問わずに他の保険種類への変換（コンバージョン）ができることが重要となります。変換を活用できる保険会社であれば、状況に応じて保障額の減少を食い止めることが可能となります。

①収入保障保険の変換例

　図表2－2は40歳の男性が月額50万円、保険期間70歳、最低保障期間2年の収入保障保険の加入例です。この場合、55歳の時点では一時金受取額は約8,500万円となりますが、この時点で定期保険や終身保険などの保障額が減少しない保険種類に変換すれば、8,500万円の保障額を維持することが可能となります。

　収入保障保険の変換については、無診査でその時点での一時金受取額の範囲内で可能とする保険会社のほかに、一時金受取額から一定の計算式で減額した保険金額（2年後の一時金受取額相当など）の範囲内で変換を可能とする保険会社、変換はまったく受け付けない保険会社もあり、会社ごとに規定が異なります。

　変更できる保険の種類についても会社ごとで異なり、終身保険や養老保険への変換を可能とするのが一般的ですが、定期保険への変換も可能とする保険会社もあります。また定期保険への変換についても、元の収入保障保険の保険期間よりも長い保険期間の定期保険に限るなど、各保険会社ごとに規定は異なります。

　割増保険料などの条件付きの契約は変換できないとする保険会社が一般的ですが、ソニー生命保険では条件付きの契約でも変換を可能としています。また、収入保障保険が非喫煙・優良体料率などのリスク細分料

41

図表2-2 収入保障保険の定期保険への変換例

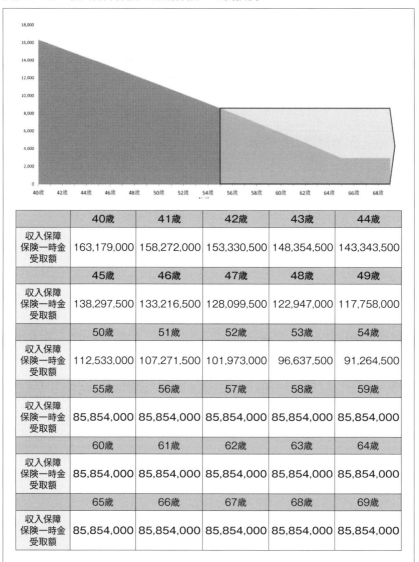

	40歳	41歳	42歳	43歳	44歳
収入保障保険一時金受取額	163,179,000	158,272,000	153,330,500	148,354,500	143,343,500
	45歳	46歳	47歳	48歳	49歳
収入保障保険一時金受取額	138,297,500	133,216,500	128,099,500	122,947,000	117,758,000
	50歳	51歳	52歳	53歳	54歳
収入保障保険一時金受取額	112,533,000	107,271,500	101,973,000	96,637,500	91,264,500
	55歳	56歳	57歳	58歳	59歳
収入保障保険一時金受取額	85,854,000	85,854,000	85,854,000	85,854,000	85,854,000
	60歳	61歳	62歳	63歳	64歳
収入保障保険一時金受取額	85,854,000	85,854,000	85,854,000	85,854,000	85,854,000
	65歳	66歳	67歳	68歳	69歳
収入保障保険一時金受取額	85,854,000	85,854,000	85,854,000	85,854,000	85,854,000

率での契約であっても、変換する保険は標準体料率とする保険会社が一般的ですが、ソニー生命では変換する保険についても、収入保障保険と

第2章 ● 保険商品ごとの機能を活用する

図表2-3 収入保障保険の変換例

	40歳	41歳	42歳	43歳	44歳	45歳	46歳	47歳	48歳	49歳
収入保障	163,179,000	158,272,000	153,330,500	148,354,500	143,343,500	138,297,500	133,216,500	128,099,500	122,947,000	117,758,000
	50歳	51歳	52歳	53歳	54歳	55歳	56歳	57歳	58歳	59歳
収入保障	112,533,000	107,271,500	101,973,000	96,637,500	91,264,500	85,854,000	80,405,500	74,919,000	69,394,500	63,830,500
	60歳	61歳	62歳	63歳	64歳	65歳	66歳	67歳	68歳	69歳
収入保障	58,228,000	52,586,500	46,905,000	41,184,000	35,423,000	29,622,000	29,622,000	29,622,000	29,622,000	29,622,000

	40歳	41歳	42歳	43歳	44歳	45歳	46歳	47歳	48歳	49歳
収入保障	163,179,000	158,272,000	153,330,500	148,354,500	143,343,500	138,297,500	133,216,500	128,099,500	122,947,000	117,758,000
	50歳	51歳	52歳	53歳	54歳	55歳	56歳	57歳	58歳	59歳
収入保障	112,533,000	107,271,500	101,973,000	96,637,500	91,264,500	85,854,000	85,854,000	85,854,000	85,854,000	85,854,000
	60歳	61歳	62歳	63歳	64歳	65歳	66歳	67歳	68歳	69歳
収入保障	85,854,000	85,854,000	85,854,000	85,854,000	85,854,000	85,854,000	85,854,000	85,854,000	85,854,000	85,854,000

同じ保険料率が適用されます。

　いずれにしても、変換できれば保障額の減少を食い止めることができるのです。

　図表2-3は、大病を患い55歳で収入保障保険を変換し、闘病の末に62歳で亡くなったというケースで、変換による家族の受け取れる保険金の違いを比較したものです。変換することで7年間で約3,800万円もの保険金の減少を食い止めたことが分かります。しかし、この約3,800万円すべて享受できる訳ではありません。

　変換の仕組みは、元の契約を解約して他の保険に新規加入することとなり、収入保障保険を解約してその時点の年齢で終身保険や養老保険に新規に加入するとなると、保険料が相当高くなってしまいます。
　健康状態を問わず無診査で新たな保険に入り直せるといっても、保険料負担の増加が高いハードルになってしまいます。仮に55歳で大きな病

図表2-4 収入保障保険の変換による保険料の負担

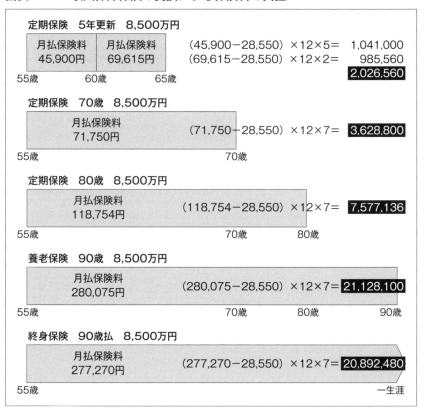

気がみつかり、即座に変換し62歳で亡くなった場合では、保険種類ごとの保険料の負担増は図表2-4のようになります。

　55歳で8,500万円の5年更新の定期保険に変換できれば、収入保障保険を継続した場合より7年間で約202万円の保険料の負担増となります。70歳定期保険では約362万円、80歳定期保険では約757万円、終身保険となると約2,089万円もの保険料負担増となる計算になります。

　それでも、約3,800万円もの保険金額の減少を食い止められているの

第２章 ● 保険商品ごとの機能を活用する

図表２-５ 8,500万円の終身保険の月払保険料

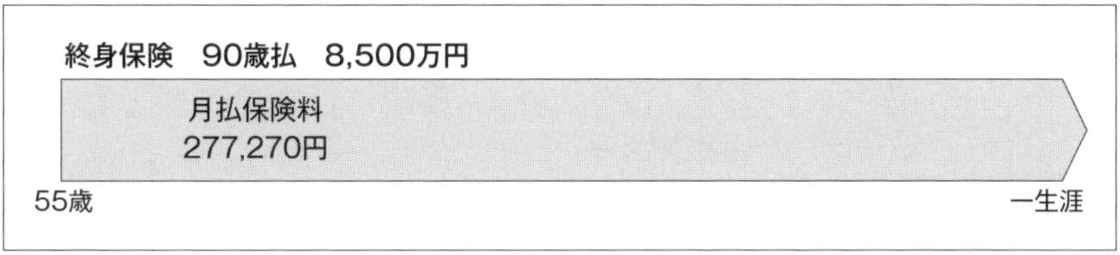

終身保険 90歳払 8,500万円

月払保険料
277,270円

55歳   一生涯

ですから、メリットはあるのですが、短期間の定期保険に変換できるものが最も使い勝手がよいと言えそうです。

元の収入保障保険よりも長い保険期間の定期保険でなければ変換できないといった規定の場合では、いったん80歳定期保険にしてから保険期間の短縮をすることで、保険料の負担を軽減することが可能となります。

定期保険に変換できずに終身保険に変換する場合でも、終身保険の高い保険料を漫然と払い続けなければならない訳ではありません。終身保険には延長（定期）保険に変更することが可能な保険会社があります。病状の経過を見ながら延長保険に変更すれば、保険料の負担なく一定期間の保障を得られ、実質的に定期保険に変換したことと同じになるのです（図表２-５）。

延長保険とは、終身保険の払込みを中止しても一定期間同額の保障が継続できるものです。その仕組みは、解約返戻金を元に一時払いの定期保険に加入し直すというものです。

ある保険会社の55歳加入で90歳払いの場合、保険料を１年払い込めば払込みを中止しても２年５ヵ月間は保障を維持できます。２年払い込めば５年11ヵ月。２年短期払いの７年11ヵ月の定期保険になるのです。３年払えば払込みを中止しても８年６ヵ月間は保障を維持できます。３年短期払いの11年６ヵ月の定期保険になるのです。

45

図表２−６　終身保険の延長可能期間

経過年数	年齢	延長定期保険期間
1	56歳	2年　5ヵ月
2	57歳	5年11ヵ月
3	58歳	8年　6ヵ月
4	59歳	10年　6ヵ月
5	60歳	12年　0ヵ月
6	61歳	13年　1ヵ月
7	62歳	14年　5ヵ月
8	63歳	14年　9ヵ月
9	64歳	15年　0ヵ月
10	65歳	15年　0ヵ月
11	66歳	15年　0ヵ月
12	67歳	14年11ヵ月
13	68歳	14年　9ヵ月
14	69歳	14年　7ヵ月

図表２−６のように延長保険に変更すれば、終身保険の保険料負担が不要となります。しかし、延長保険に変更してしまうと、一般の定期保険とは異なり、保険期間の延長や変換はできないので、病状を見ながら延長可能期間を確認し、慎重に検討していただく必要があります。

また、終身保険の変換をする場合、保険料負担を抑えるためには終身払いとするのが一般的ですが、終身払いに限っては、延長保険へ変更できない保険会社もあるので注意が必要です。収入保障保険は、変換後も状況を見ながら保険料負担の軽減や保障切れを防止するメンテナンスが必要です。

②保険料払込免除特約は必要なのか

収入保障保険にも保険料払込免除特約を付けられる保険会社があります。保険料の払込みが免除となる要件は各保険会社によって異なりますが、その要件は緩和傾向にあるようです。しかし、変換が可能な収入保障保険であれば、保険料払込免除特約を付ける必要があるのかは疑問が残ります。

収入保障保険には、保険料払込免除特約を付けていてよかったと思えるケースは少ないのではないでしょうか。保険料が払込免除となる要件に該当した方のその後はどうなるのでしょう。

①短期間で完治し元気に復帰する

②１年以内に亡くなる

③長期間の闘病生活となる

　すぐに完治して職場に復帰する。こんなケースでは保険料払込免除特約が付いていなくとも問題はないのではないかと思います。また１年以内に亡くなってしまうなら、その効果も２万8,550円×12ヵ月＝34万2,600円と35万円に満たないのです。

　55歳で払込免除となって62歳で亡くなるといったケースでは、２万8,550円×12ヵ月×７年＝239万8,200円と、それなりの効果はあったと思われるかもしれませんが、その間に保険金額が約3,800万円も減少してしまうのです。

　そんな状況が予測されるなら、保険料払込免除特約を付けていても、変換を選択できる保険会社であれば、保険料払込免除特約の出る幕はないのではないでしょうか。

　契約時にはお客様の意向確認が大切ですから、保険料払込免除特約を希望する場合もあると思いますが、保険料払込免除特約を付けた契約でも、保険料の払込免除を申請する前に、何がベストなのかを十分に検討していただく必要があります。

　前記のような状況でも、うっかり保険料払込免除の申請をしてしまうと、もう変換はできなくなるので注意が必要です。

２．終身保険

　終身保険は、満期となって保障が消滅することがない一生涯の保障を
得られる保険です。

　貯蓄性が高く、保険料の払込期間が満了となれば、払い込んだ保険料
総額と同等の解約金が貯まっていることもあり、万一の場合に保険金を
受け取るという死亡保障目的だけではなく、保険料払込期間は保障を得
て、大きな保障が不要になったリタイア後に解約して、解約金を一時金
あるいは年金として分割受取りするなどの複合的な目的で加入される方
も多いようです。

　また、死亡保障と引き換えに介護の保障に変更できるものもあります。

　介護保障に変更したものの、介護状態にならずに死亡した場合には、
大きく目減りした保険金が払われる商品が多いなかで、介護状態になっ
てから死亡保障を介護年金に変更できる商品もあります。介護年金に変
更して数年で死亡した場合でも、10年保証期間付きの介護年金で、介護
年金に移行した時点での責任準備金相当額は保証される優れた商品です。

　しかし、こんな思いで加入しても、状況が変化すると終身保険に求め
る目的は、まったく変わってしまいます。例えば、万一重篤な病気に罹
り余命を宣告されたような場合は、「一生涯の保障」や「豊かな老後の
ための」「長生きのリスクに備える年金の準備」「介護費用の負担に備え
る」などの目的ではなくなり、近い将来に「家族の生活を支える保険金
を受け取る」ためのものへと目的が変わるのではないでしょうか。

　状況が一変したことで目的に合わなくなった終身保険の高額な保険料

48

第2章 ● 保険商品ごとの機能を活用する

を、引き続き払い続けていくのはどうなのでしょうか。余命が宣告されたような状況では、当面は傷病手当金の給付があったとしても、可処分所得が大きく減るなかで治療費の負担も強いられるのです。こんな状況で終身保険の保険料を払い続けていくのは、大きな負担となるのではないでしょうか。

また、資金的には問題がなくても、一生涯の保障など不要となった状況にもかかわらず、一生涯の保障を得るための保険料を払い続けるのはどうなのでしょうか。万一の場合に保険を見直すポイントは、「保障の確保」「保険料負担の軽減」「手元資金の確保」です。

一般的に、保険料の負担が困難になった場合に案内されるのが「払い済み保険」への変更です。しかし払い済み保険への変更では、払込期間に応じて保険金額が削減されてしまいます。

①払済み保険への変更

40歳で加入した65歳払いの保険金額1億円の終身保険が、45歳で払い済み保険へ変更すると、保険金額は1,949万円に削減されてしまいます。50歳では4,045万円、55歳で6,025万円、60歳では7,999万円となります（図表2-7）。1億円の保険金額が、こんなに削減されてしまうのです。これでは、近い将来に保険金を受け取ると思われる状況で、保険料の払込みが不要になるとはいえ、有効な対応とは言えないでしょう。

また、保険料を払わずに保険金額を減らさない手段としては、保険料の自動振替貸付があります。解約返戻金の一定の範囲内で、保険会社が保険料を立て替えて保障を継続する仕組みです。しかし、自動振替貸付で保障を継続しておくと、保険金が支払われるまでの期間が長くなればなるほど、受け取れる保険金は目減りしてしまうのです。

49

図表２−７　終身保険の払済み

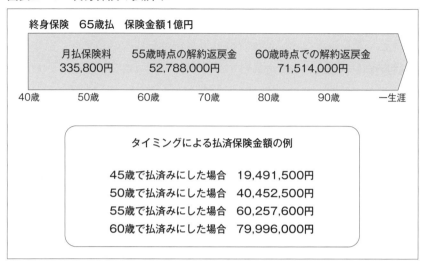

②保険料の自動振替貸付

　保険料を払わなくても保障を継続することが可能となるのが、自動振替貸付です。しかし、保険金が払われるときに未払いの保険料と金利が相殺され、保険金が控除されて支払われるのです（図表２−８）。

　例えば、５年間の自動振替貸付を経て保険金が支払われた場合、未払い保険料が33万5,800円×12ヵ月×５年＝2,014万8,000円に加えて、その契約の予定利率と市場金利に応じた金利が差し引かれます。

　仮に３％（保険料の払込猶予期間を得て自動振替貸付で保障が継続されても、借入金利が組み入れられるのは６ヵ月後などのルールはあるが、単純に３％で計算）で計算すると130万円程度となり、支払われる保険金は7,855万円程度となると思われます。

　自動振替貸付の期間が７年間になると、立替保険料が33万5,800円×12ヵ月×７年＝2,820万7,200円、金利分が255万円程度となり、保険金は

第2章 ● 保険商品ごとの機能を活用する

図表2-8　自動振替貸付

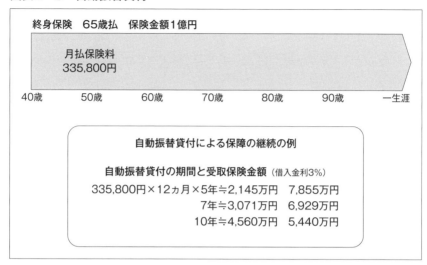

6,929万円程度でしょう。

　さらに、自動振替貸付の期間が10年となると、33万5,800円×12ヵ月×10年＝4,029万6,000円、金利が530万円程度となり、保険金は5,440万円程度となってしまいます。

　保険料を払わずに保障が継続できるといっても、家族が受け取れる保険金はかなり目減りしてしまうのです。保険料払込免除特約が付いた契約で要件に該当した場合は、保険金の目減りを回避することができますが、自動振替貸付では闘病期間が長くなればなるほど、受け取れる保険金が減ってしまいます。

　しかし、これは、契約通りに保険料を払い続けた場合と異なるのは、金利分の違いだけなのです。

　例えば、闘病期間7年で亡くなった場合、その間に保険料を33万5,800円×12ヵ月×7年＝2,820万7,200円。7年間で2,820万円の保険料を

図表2−9　終身保険の保険料払込期間の延長例（65歳⇒90歳）

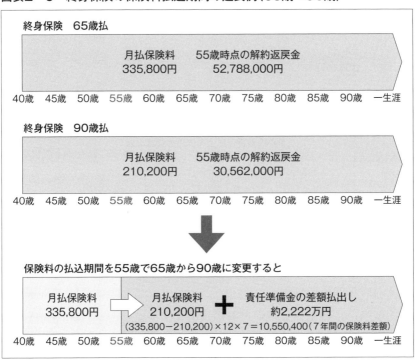

払い込んで、1億円の保険金を受け取るのですから、保険料を自動振替貸付で払わずに6,924万円受け取るのとの違いは金利差だけです。ですから、余命を宣告されたような状態で目的に見合わなくなった終身保険の高額な保険料を漫然と払い続けるのも、自動振替貸付を活用するのも、最良の選択とは思えません。

　金利負担も未払い保険料の清算もなく、保険料負担を軽減させて保障を削減させずに継続させる方法があるのです。

③保険料払込期間の延長例
　図表2−9は保険料の払込期間の延長です。保険料負担がなくなるの

ではなく軽減にとどまるのですが、責任準備金の差額が払い出され手元資金も確保できるのです。

これは、40歳で加入した65歳払いの終身保険を、55歳の時点で保険料の払込期間を90歳に延長した場合のイメージです。保険料払込期間の延長は契約時に遡って、異なる払込期間で契約したことにできるのです。

40歳男性が65歳払いの終身保険に加入し、55歳のときに払込期間を90歳払いに変更すると、変更後の保険料は契約時から90歳払いに加入していたのと同じ保険料となり、33万5,800円から21万200円へと軽減されます。さらに、65歳払いと90歳払いの55歳時点での責任準備金の差額が払い出されます。

責任準備金は開示されていないので、事前に正確な金額は分かりませんが、解約返戻金の差額に近い金額となるはずです。解約返戻金の差額は2,222万円程度ですから、2,222万円もの金額が払い出され、保険料が33万5,800円から21万200円へと軽減され、1億円の保障が継続されるのです。

仮に、55歳で余命を宣告され7年後に亡くなった場合、65歳払いを継続するよりも、7年間の保険料が1,055万400円（《33万5,800円－21万200円》×12×7年）軽減されたことに加え、約2,222万円もの手元資金を確保できます。65歳払いを継続するよりも、保険料の払込期間の延長で約3,277万円もの効果をお客様にもたらせることができます。

現在販売されている終身保険では、払込期間の延長が可能な商品は少ないですが、現在販売されていない終身保険でも保険料払込期間中の方も多くいますので、払込期間の延長についても理解しておきましょう。

保険料払込期間の延長ができない変額保険・利率変動保険・低CV終

図表2−10　40歳加入65歳払いの終身保険の経過年数に応じた延長期間（例）

経過年数	年齢	延長定期保険期間
1	41歳	5年10ヵ月
2	42歳	13年 4ヵ月
3	43歳	18年 4ヵ月
4	44歳	21年10ヵ月
5	45歳	24年 6ヵ月
6	46歳	26年 5ヵ月
7	47歳	27年10ヵ月
8	48歳	28年10ヵ月
9	49歳	29年 7ヵ月
10	50歳	30年 1ヵ月
11	51歳	30年 4ヵ月
12	52歳	30年 6ヵ月
13	53歳	30年 8ヵ月
14	54歳	30年 9ヵ月
15	55歳	30年 9ヵ月
16	56歳	30年 9ヵ月
17	57歳	30年 9ヵ月
18	58歳	30年 9ヵ月
19	59歳	30年10ヵ月
20	60歳	30年11ヵ月
21	61歳	31年 1ヵ月
22	62歳	31年 5ヵ月
23	63歳	32年 0ヵ月
24	64歳	33年 3ヵ月

身保険の場合には、終身保険を延長（定期）保険（以下、延長保険）に変更できるかどうかの検討となります。払込期間の延長をした終身保険も、その後、延長保険に変更することで、手元資金の確保と保険料負担をなくすことが可能となります。

④延長（定期）保険

終身保険は保険料を払込期間満了まで払い込めば、一生涯の保障が得られます。延長保険に変更すれば、保険料の払込期間の満了前に払込みを停止しても、一定期間の保障を継続することが可能となります。

保険料の払込みを停止する時点での責任準備金で、一時払いの定期保険に加入するといったもので、保険金額はそれまでの終身保険と同額となります。

図表2−10の通り40歳加入の65歳払いの終身保険で、契約から1年で延長保険に変更した場合、5年10ヵ月の保障が得られ、5年で変更した場合は24年6ヵ月、10年で変更した場合は30年1ヵ月、15年で延長した場合は30年9ヵ月、20年で延長した場合は30年11ヵ月保障を継続できる

第2章 ● 保険商品ごとの機能を活用する

図表2-11　各保険種類の払込保険料累計と終身の延長

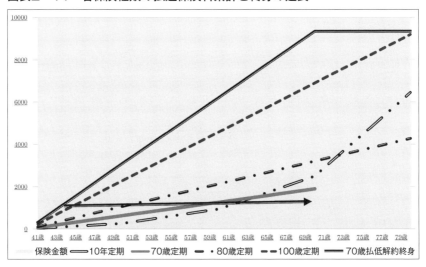

のです。終身保険に加入していても、5年で延長定期保険に変更すれば、5年短期払いの69歳6ヵ月定期保険に加入していたことに変更できるのです（図表2-11）。

　延長保険の保険期間は、その時点での責任準備金と年齢によって計算されます。責任準備金が多いほど保険期間が長くなります。保険金額は固定なので、責任準備金の額によって保険期間が計算されるのですが、保険会社によっては延長できる期間の上限が異なります。

　仮に60歳の時点で30年11ヵ月の延長期間が得られる計算となっても、80歳までを限度とする保険会社では、80歳を迎えた時点で責任準備金の残額が払い出され保障が消滅します。
　また、延長可能期間は元の終身保険の保険料の払込期間までを限度とする保険会社もあるので注意が必要です。65歳払済みの終身保険を63歳で延長保険に変更した場合には、計算上32年の保障期間が得られても、

図表2-12　契約者貸付延長期間の調整

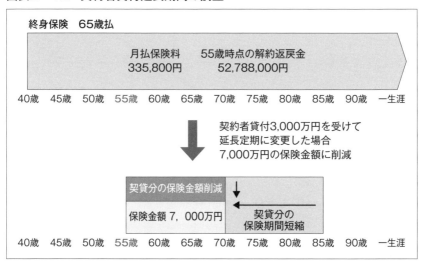

65歳で責任準備金の残額が払い出され保障は消滅します。

　こんなケースの場合も、保険料払込期間の延長が可能であれば、保険料の払込期間を最長期間にしてから延長保険に変更すれば、責任準備金の差額を先に手にしながら、延長期間もコントロールできるのです。

(注) 終身払いの場合は延長保険への変更は不可とする保険会社もあるので、変更する払込期間には注意が必要です。

　保険料払込期間の変更ができないなら、余命を宣告された状態で、延長保険に変更して保険料負担をなくしても、63歳から65歳までの2年間しか保障を確保できないのなら、延長保険に変更することは避けるべきで、自動振替貸付で保障を継続することが賢明かもしれません。

　延長保険にする場合、契約から期間が経過するほど責任準備金は貯まっていきますが、一方で年齢も上がっていきます。延長保険はその時点

第2章 ● 保険商品ごとの機能を活用する

の年齢で一時払いの定期保険に加入する計算になるので、エイジアップが責任準備金の増加を相殺して、あまり延長期間が伸びないのが分かります。

図表2-10を見ると、契約後10年の50歳時点で延長保険に変更しようとした場合、保険料を払わずに30年1ヵ月の保障期間が得られます。しかし、状況によっては30年もの保障期間は不要と思われるかもしれません。その場合には、契約者貸付で責任準備金を引き出した後に延長保険へ変更することで、延長期間の調整が可能となります。これで、不要な保障期間を現金化することができるのです（**図表2-12**）。

保険料負担をなくして手元資金を確保し、必要と思える期間だけの保障を確保できるのです。しかし、契約者貸付で引き出した金額分は、延長保険の保険金額が削減されます。終身保険の保険金額から契約者貸付を受けた金額分が差し引かれた保険金額の延長保険とする保険会社が一般的のようです。

契約者貸付で責任準備金が引き出された分の延長期間が短縮され保険金額も削減されるので、二重に差し引かれてしまうように感じますが、これにより、金利負担なしに手元資金の確保が可能となります。

延長保険への変更を検討する場合、注意しなければならないのは、延長保険は一時払いの定期保険のようなものですが、定期保険とは異なり、一般的には保障期間の満了時に更新をすることも、保険期間の延長をすることも、変換をすることもできないことです。

そこで、延長保険に変更する際は保障切れとならないように、必要な延長期間を慎重に検討していただくことが必要となります。

57

また、延長保険への変更を躊躇させるのは特約が消滅してしまうことです。病気で余命を宣告されたような場合は、災害割増などの特約が消滅しても問題はないのですが、疾病入院特約やがん入院特約・特定疾病の入院特約などが付保されている場合に、特約が失われるのは苦渋の選択となります。特約の保障を存続させるために、延長保険への変更を諦めて、今まで通りの保険料を負担せざるを得ないこともあるのです。

　終身保険はお客様の状況に応じて変化させることができなければ、保険料の負担がお客様を苦しめることにもなりかねません。お役様を護る終身保険の機能を最大限に引き出す保険コンサルタントの提案が重要となります。

　延長保険に変更ができない終身保険では、お客様の状況が変化して保険の目的が変わっても、今まで通りの保険料を負担するか、それができなければ保障額が削減されてしまいます。延長保険への変更の可否は、終身保険の比較推奨ポイントの一つにすべきではないでしょうか。

3．定期保険

　定期保険は最もシンプルなようで、最も奥が深い保険です。一定期間の掛け捨ての定期保険でも、お客様を護るためには、さまざまな状況の変化に対応可能な商品を提案し、状況に応じたメンテナンスをしていくことが重要となります。それでは、定期保険の機能・活用法を考えていきましょう。

　まずは、定期保険の契約形態について見ていきましょう。定期保険に

は同じ保険期間でも「年満了」「歳満了」という契約方法が異なる２つの種類があります。

①年満了

定期保険の契約形態の一つに「10年・20年」間の保障といった、「年満了」という契約があります。最短で５年・最長では35年程度としている保険会社が一般的です。

例えば、10年間の保険期間で契約して、10年後に期間満了となっても同じ10年間で自動的に更新をすることが可能です。また、更新が可能な期間は保険会社で異なり、80歳までは何年でも何回でも更新可能とする会社や、90歳まで更新可能な保険会社もあります。

80歳を上限とする保険会社では、35歳で10年定期保険に加入した場合、45歳・55歳・65歳で保険期間10年での契約を更新しても、75歳のときには５年間の保険期間で更新となります。35歳で20年定期保険に加入していると、55歳で同じ20年間の更新をしても75歳の更新時には５年間の保険期間で更新となります。

もう一方の契約方法には、保険期間を何歳までという方法があります。

②歳満了

定期保険には年満了での契約の他に、「60歳」や「80歳」までといった「歳満了」での契約があります。歳満了での契約は最短期間が「55歳」最長が「80歳」程度で設定している保険会社が一般的です。35年を超える保険期間の契約をしようとする場合は、歳満了での契約となる保険会社が多いようです。

図表2-13 年満了と歳満了

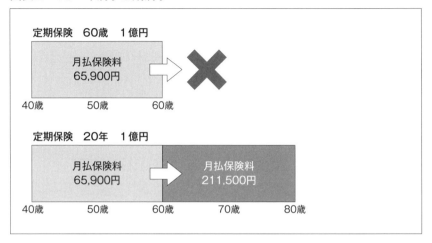

　35歳の方が30年間の保障を得たい場合などは、「30年間」での契約と「65歳まで」の契約が選択できます。保険期間が同じなので保険料も変わりませんが、「年満了」と「歳満了」には、大きな違いがあります。
　例えば、40歳のときに60歳で定年退職するまで（年金が受給できるまで）の保障を準備したい、子どもが独立するまでの20年間の保障を準備したいと定期保険に加入するのなら、20年契約でも60歳契約でもよいことになります。

　同じ保険期間で保険料が変わらなければ、どちらで契約をしても一緒と思われがちですが、歳満了の契約は更新できないとする保険会社が一般的です（図表2-13）。

　万一、59歳でがんがみつかり、余命2年と診断されたとします。20年満了であれば、60歳の契約応当日を迎えても自動更新で80歳まで保障を継続できます。しかし、60歳満了の場合は更新できずに60歳で保険期間が満了となり保険契約は消滅してしまいます。

第2章 ● 保険商品ごとの機能を活用する

　保険料は変わりませんが、どちらの方法で加入しているかにより、まったく状況が異なるかもしれません。お客様が同様の状況となったときに何も考えずに歳満了での契約を提案していたら、保険コンサルタントとして後悔してもしきれないのではないでしょうか。

　生命保険は将来に選択肢を残せるような提案をしておくことが大変重要だということが分かると思います。

（注）ソニー生命・東京海上日動あんしん生命・三井住友海上あいおい生命・富国生命などでは、歳満了でも年満了同様に自動更新が可能。

③保険会社独自の定期保険の機能

　定期保険には独自の機能がある保険会社があります。歳満了の契約でも更新可能とする保険会社があるほかに、更新時には無診査で保険金額を1割上乗せすることができる保険会社があります。買い増し特約など付いていなくても、更新のときに1割上乗せして更新するのか、これまでと同額で更新するのかを選択できるのです。

　一方、定期保険に加入していて、万一不慮の事故で所定の身体障害の状態になってしまったら、保険料は払込免除となって82歳満期の養老保険に変更となる保険会社があります。わずかな保険料で契約していた短期間の定期保険が、契約時に遡って保険料の払込みが免除となった82歳満期の養老保険に変更されるのです（図表2－14）。

　契約時から期間が経過していれば、相当額の契約者貸付も可能となります。解約金などほとんど貯まらない短期間の定期保険から、万一の手元資金の準備が可能となります。

図表2-14　定期保険の独自の機能

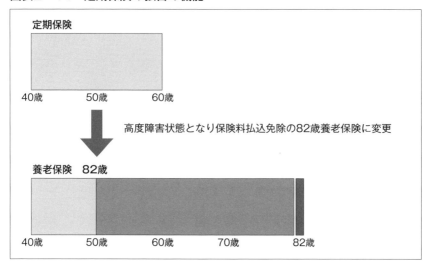

④非喫煙・優良体料率の取扱い

　非喫煙や優良体料率で契約している定期保険の更新の取扱いは、保険会社によってさまざまです。日本で初めてノンスモーカー保険を販売したのは、アリコジャパンと大同生命でした。アリコジャパンでは、新規加入時に非喫煙・優良体料率の条件を満たしていれば、更新契約も引き続き優良体料率が適用されました。一方、大同生命では、非喫煙・優良体料率で更新するには、更新時に再診査が必要とのことでした。

　それ以降、多くの保険会社でリスク細分型の保険料率が導入されましたが（アクサ生命は廃止）、優良体料率で更新するには再診査が必要とする保険会社が多いようです（短期の保険期間であれば、１度目の更新は無診査で非喫煙・優良体料率が適用される保険会社もある）。
　現在でも、メットライフ生命では無診査で優良体料率での更新が可能となるようです。

第2章 ● 保険商品ごとの機能を活用する

図表2-15 非喫煙・優良体料率の自動更新の取扱い

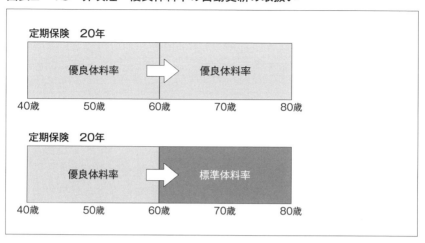

年齢を重ねるごとに優良体の基準をクリアすることは難しくなりますし、標準体と優良体の保険料格差は大きくなります。当初だけ保険料が安い優良体料率が適用されても、更新時に標準体料率となるなら、優良体料率で契約できる保険商品を選んで契約した甲斐はなくなってしまいます。

優良体料率のある保険会社の標準体の保険料は、優良体を設定していない保険会社の保険料よりも割高となる傾向があります。リスク細分型の料率設定をしているので当然のことでしょう。

更新時の年齢で標準体料率となってしまうのであれば、初めから優良体料率を設定していない保険会社で加入しておいた方が、トータルの保険料は割安となるかもしれません（図表2-15）。

ですから、健康を維持するのはもちろんですが、優良体料率で契約する更新型の定期保険に加入するなら、加入当初の保険料比較だけではなく、更新のルールも確認し提案する必要があるのです。

一方で、ひまわり生命では「健康☆チャレンジ！」という新しい試み
が始まりました。契約時に標準体料率となっても、契約後の所定の期間
内に禁煙や健康状態が改善され定められた基準に適合すると、非喫煙・
優良体料率などへの変更が可能となり、契約した後から保険料が引き下
げられます。

さらに、契約時に遡って保険料の差額が祝い金として受け取れる（対
象となる保険種類は収入保障保険・無解約返戻金型定期保険・低解約返
戻金型定期保険）新たな試みが始まりました。子どもが生まれたので大
きな保障を準備したい、子どもが生まれたのを機に今後は禁煙も考えて
いる、などの方には案内しておきたい制度と言えます。

では、更新時に診査が必要な保険会社に加入していて、更新後は優良
体料率が適用されないと思われる場合に、何か打つ手はないでしょうか。

優良体料率で契約している既得権を存続させるには、保険期間の延長
が考えられます。保険期間の延長は優良体料率での契約を延長するだけ
ではなく、60歳満了で契約していて57歳で余命を宣告されたような場合
でも有効な手段となります。自動更新ができない歳満了での契約の保障
切れを防ぐことが可能となるのです。

歳満了の契約でも定期保険の「保険期間の延長」機能を活用すれば、
保障切れを回避することも優良体料率での契約を延長することも可能と
なります。

（注）優良体料率の場合、保険期間の延長を不可とする保険会社もあります。

⑤保険期間の延長

定期保険には無診査で保険期間を延長することが可能な保険会社があ

第2章 ● 保険商品ごとの機能を活用する

ります。契約時に遡って保険期間を変更できるのです。

40歳のときに60歳までの1億円の定期保険に加入していても、例えば57歳のときに60歳までの定期保険に加入していたのではなく、初めから65歳までの定期保険に加入したように、健康状態を問わずに無診査で変更できるのです。

更新できない60歳満了の定期保険に加入していて、57歳で余命を宣告されたようなときには、健康状態を問わず無診査で保険期間の延長が可能であれば、保障切れを回避することもできるのです。

非喫煙・優良体料率で契約をしていて、更新時に診査をしたのでは、優良体料率では更新できないと思われた場合も、保険期間を延長すれば、優良体での契約を継続することが可能となるのです（非喫煙・優良体の契約に限り保険期間を延長できない保険会社もある）。

責任準備金の差額の清算は必要ですが、40歳の時点で計算された保険料でよいのです。

図表2−16は40歳で加入した60歳定期保険を、57歳のときに65歳へと期間を延長した場合です。保険期間を延長したあとの保険料は、40歳のときに65歳までの定期保険に加入していた場合と同じ保険料となります。つまり、17年前の年齢と予定利率で、65歳満期など現在よりも長期間の定期保険に加入し直せるのです。

保険期間を延長した後は、それまでの60歳満期の保険料3万3,000円から65歳満期の保険料4万1,600円に変更されます。また、57歳時点での60歳定期保険と65歳定期保険の責任準備金の差額を清算する必要があります。

65

図表2-16 定期保険の保険期間の延長①

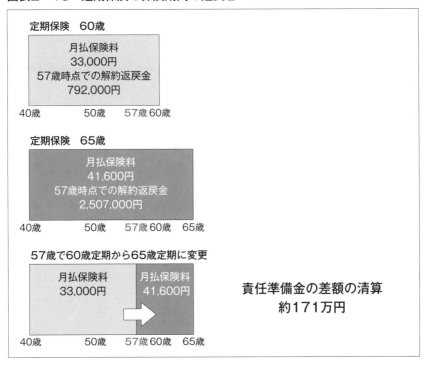

　責任準備金の額は開示されていないので、事前に清算額は分かりませんが（保険会社によっては事前に試算が可能）、概ね解約返戻金の差額に近い金額となるはずです。

　この場合、57歳時点での60歳定期保険の解約返戻金は79万2,000円、65歳定期保険の解約返戻金は250万7,000円となっていて、約171万円の責任準備金の差額の払込みが必要と思われます。

　70歳や80歳までなど、65歳よりも長期間の延長をすることもできますが、延長する期間は長くなればなるほど、延長後の保険料も責任準備金の差額の清算も高額となります。

　80歳定期保険に延長した場合、毎月の保険料は3万3,000円から8万

第2章 ● 保険商品ごとの機能を活用する

図表2-17 定期保険の保険期間の延長②

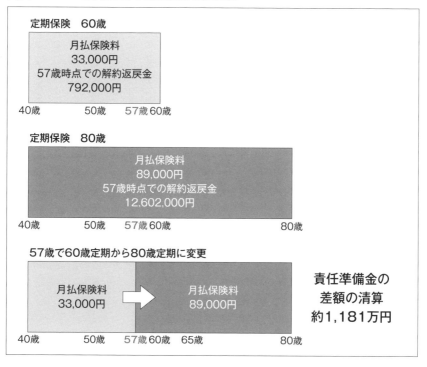

9,000円となり、清算額も1,181万円程度必要になります。負担を増やさないためには、短期的な保険期間の延長を状況により繰り返していく、きめの細かいコンサルティングが望まれます（図表2-17）。

ただし、延長できるのは一度だけという保険会社もあるようです。当該契約の規定を確認して一度だけ延長できる保険会社の場合は、慎重にその期間を考えてもらう必要があります。

また、保険期間の延長については、保険会社によってはその残存期間が2年以上必要などの制限もあります。保険期間の延長が可能なタイミングについても、いつでも可能とするところと、年単位の契約応当日の

みとするところがあります。

　規定は保険会社ごとに異なりますので、それぞれの内容を確認しながらお客様をフォローしていくことが重要です。

　余命を宣告されたとき、加入している歳満了の定期保険の残存期間がすでに2年を切っていて、保険期間の延長はもうできない…。こんな場合には、変換の規定も確認してみましょう。保険期間の延長が可能となる原契約の残存期間と、変換が可能となる残存期間が異なる保険会社もありますので、あきらめずにお客様を救済するための可能性を模索することが重要です。

　また、責任準備金の差額を負担できない場合なども、保険種類の変換（コンバージョン）を提案してみましょう。変換後の保険料は保険期間の延長に比べて高くなります（短期間の定期保険への変換ができれば安くなることもある）が、変換は解約・新契約となるので、責任準備金の差額の清算は不要で解約返戻金も受け取れます。

⑥保険種類の変換

　定期保険でも収入保障保険同様に、健康状態を問わずに無診査で保険種類を変換できる保険会社もあります。変換可能な保険種類は各保険会社によって異なりますが、終身保険や養老保険が一般的で、長期平準定期保険や定期保険・無解約返戻金型定期保険に変換が可能な保険会社もあります。

　変換の規定は保険の種類以外にも、原契約の契約後の経過年数、残存保険期間、変換時の年齢や変換可能期間など、保険会社ごとに異なります。原契約の契約からの経過期間は概ね2年以上経過後とする保険会社

第2章 ● 保険商品ごとの機能を活用する

図表2－18 定期保険の保険種類の変換（終身保険）

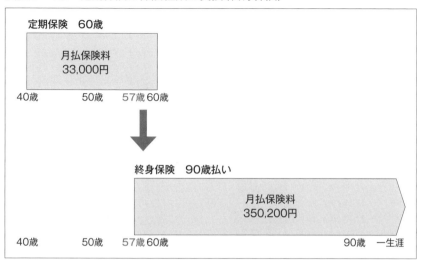

が一般的で、残余期間については2年以上や保険終期の前日までとする保険会社もあります。

変換できる年齢の上限も保険会社によって異なり、70歳までや85歳までなどさまざまです。変換する保険種類の新契約基準に応じるとする保険会社がある一方、変換専用の新規加入のバンドを設けている保険会社もあります。

また、変換可能なタイミングについても解約日と同日とする保険会社と、解約の翌日から1ヵ月以内とする保険会社などに分かれます。最も重要な違いは、元の保険金額の範囲内で変換を可能とする保険会社と、元の保険金額から解約返戻金を差し引いた額までとする保険会社に分かれる点です。

健康状態を問わずに無診査で変換ができれば、保障切れを防ぐことが可能となります。しかし、40歳で加入した1億円の60歳定期保険を、57歳で終身保険に変換した場合、90歳払いでも、毎月の保険料は3万

図表２−19　定期保険の保険種類の変換（定期保険）

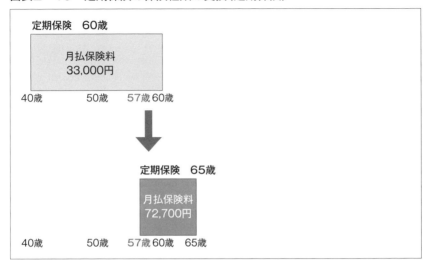

3,000円から35万200円と大幅に増えてしまいます（図表２−18）。保障切れを防ぐことはできるのですが、保険料負担が重くなるのが難点です。

　一方で、定期保険に変換できる保険会社の場合では、65歳定期保険に変換をすると毎月の保険料は７万2,700円となり（図表２−19）、終身保険への変換に比べ、保険料の負担増を抑えることが可能となります。したがって、定期保険への変換が可能な保険会社が、最も現実的な選択肢となります。

　また、保険会社によっては解約ではなく一部減額に対しても変換が可能な保険会社と、解約時のみに変換が可能な保険会社に分かれます。減額部分に対して変換が可能ということは、証券分割が可能になるということです。

⑦変換による証券分割

　一部の減額分を変換することが可能なら、保険料負担を鑑みながら可

図表2-20 変換による証券分割①

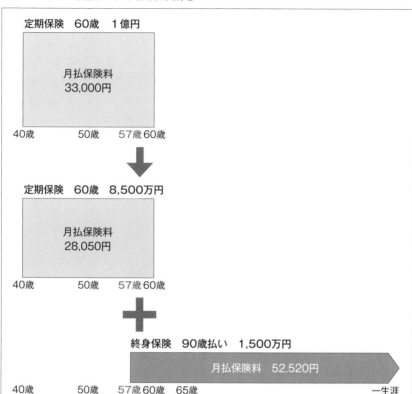

能な範囲で変換をすることができます。大きな保障はいらないけれど、相続税の非課税枠分は終身保険に加入しておきたい。あるいは、無選択の一時払いの終身保険に加入するほど金融資産は投入したくないが、持病があって新規に加入するのは難しい、かといって緩和型の終身保険では保険料が割高になってしまう、などの場合にも対応することができます（図表2-20）。

また、一部の減額分の変換が可能であれば、一つの保険証券を複数に分割することが可能になり、保障を継続させるという目的以外にも、さ

図表2−21　変換による証券分割②

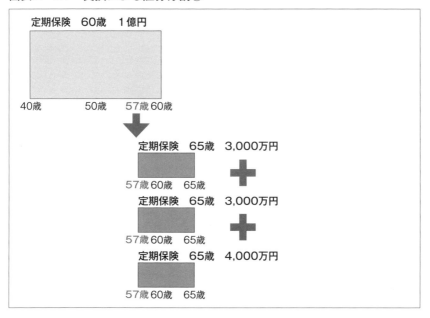

まざまな活用方法が考えられるのではないでしょうか（図表2−21）。

ひとつの法人契約の保険を、次のように変換するのもよいでしょう。

・死亡退職金・弔慰金の原資として法人契約のままで変換
・社長の相続税の非課税枠分を変換して社長の個人契約に
・相続対策として一時所得で受け取らせた方が効率的なら変換して子どもを契約者に

（注）変換は変換前の契約者と同一の契約者でなければならないとする保険会社では、変換後に契約者変更が必要となる。

その他にも、証券分割が可能であれば、過大な死亡退職金の否認を回

第2章 ● 保険商品ごとの機能を活用する

避するためや、被相続人の想いを反映した保険金額に分散し受取人を指定するなど、状況に応じた対応が可能となります。

⑧長期平準定期保険の変換

保険期間が95歳や99歳、100歳までといった定期保険があります。これらの長期間の定期保険を、80歳までの定期保険とカテゴリー（規定が異なる）分けをしている保険会社もあります。

95歳や100歳までなどの長期間の定期保険に加入していれば、仮に70歳で重篤な病気に罹患したとしても、保障切れを心配することはないでしょう。しかし、そんな状況において、100歳までの保障を得るための保険料を漫然と払い続けていくことには疑問が残ります。

保険種類の変換は、保障切れの防止を目的とするだけでなく、解約金を受け取り手元資金の確保を目的とした活用が考えられます。

長期平準定期でも契約者貸付が可能な保険会社もありますが、借入期間が長くなると金利負担が重くのしかかり、万一のときに受け取る保険金が目減りしてしまいます。

変換すれば保険金額をそのままに解約返戻金を手にでき、金利負担をすることもないのです。仮に100歳定期保険を70歳で変換すると、1億円の保障を継続しながら約5,800万円もの解約返戻金を受け取ることが可能となります（**図表2−22**）。

毎月の保険料は100歳定期保険から10年（80歳）定期保険に変更するにもかかわらず19万1,500円から25万7,200円へと増加してしまいますが、金利負担もなく約5,800万円もの手元資金が確保でき、1億円の保障を継続できます。

73

図表2-22 長期平準定期保険の変換①

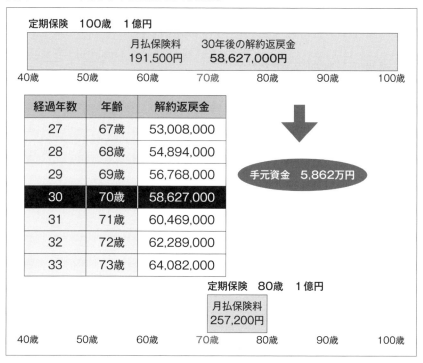

　しかし現在では、変換が可能となるのは元の保険金額から解約返戻金の額を差し引いた金額までを限度とする保険会社が増えてきました。その場合は、保険の効果を高めることはできませんが、金利負担なく手元資金を確保することが可能となります。

　リビングニーズでは余命6ヵ月と診断されなければ給付を受けられない要件の厳しいものですが、変換が可能であれば余命宣告など受けなくても、自分の都合で保険金を先取りすることが可能となります。
　また、現在の保険料と解約返戻金を差し引いた保険金額で変換した場合の保険料を比較して、保険料負担の軽減を目的に変換を提案してもよいのではないでしょうか（図表2-23）。

第2章 ● 保険商品ごとの機能を活用する

図表2-23 長期平準定期保険の変換②

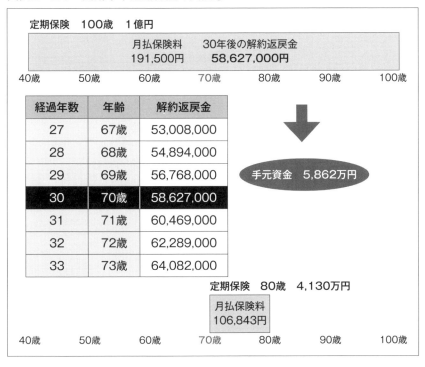

　保険金額と解約返戻金との差額の範囲での変換では、保険の効果を高めることはできませんが、短期間の定期保険に変換できれば、保険料負担も軽くなり金利負担もなく、すぐに手元資金を確保することができるのです。リビングニーズの認定などを待つ必要はなくなるのです。これで、闘病中の生活費や治療費を賄うこともできるのではないでしょうか。

　図表2-24のように、解約返戻金との差額のみ変換が可能で、変換できる保険種類も終身保険の場合は、保険の効果を高めることはできないうえ、保険料も増加してしまいます。
　こんな場合に変換を検討するのは、手元資金の確保が目的ですが、こ

図表2-24　長期平準定期保険の変換③

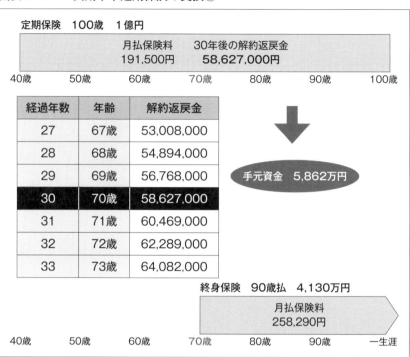

図表2-25　リビングニーズ

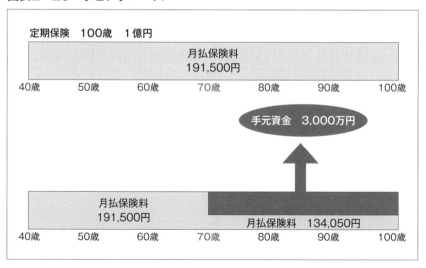

図表2-26 長期平準定期保険の保険期間の短縮

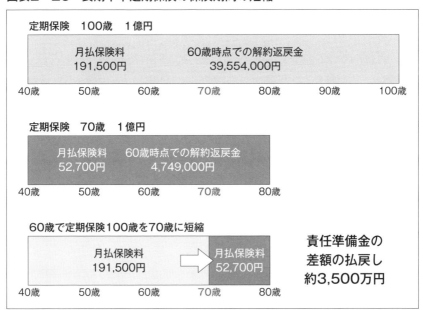

の場合は、契約者貸付を行った場合に負担する金利と、変換による保険料の増加額をよく比較したうえで選択することが必要です。さらに、リビングニーズが選択できる状況であれば、それもよく検討することが必要となります（図表2-25）。

また、定期保険には変換のほかにも、保障を維持したままで「手元資金を確保し」「保険料負担を軽減させる」方法があります。

⑨保険期間の短縮

定期保険は、契約時に遡って異なる保険期間に加入していたように、保険期間を短縮できます。例えば40歳のときに100歳定期保険に加入していても、60歳のときに初めから70歳定期保険に加入していたかのように変更が可能となります。

図表2-27　保険種類別　月払い保険料（例）

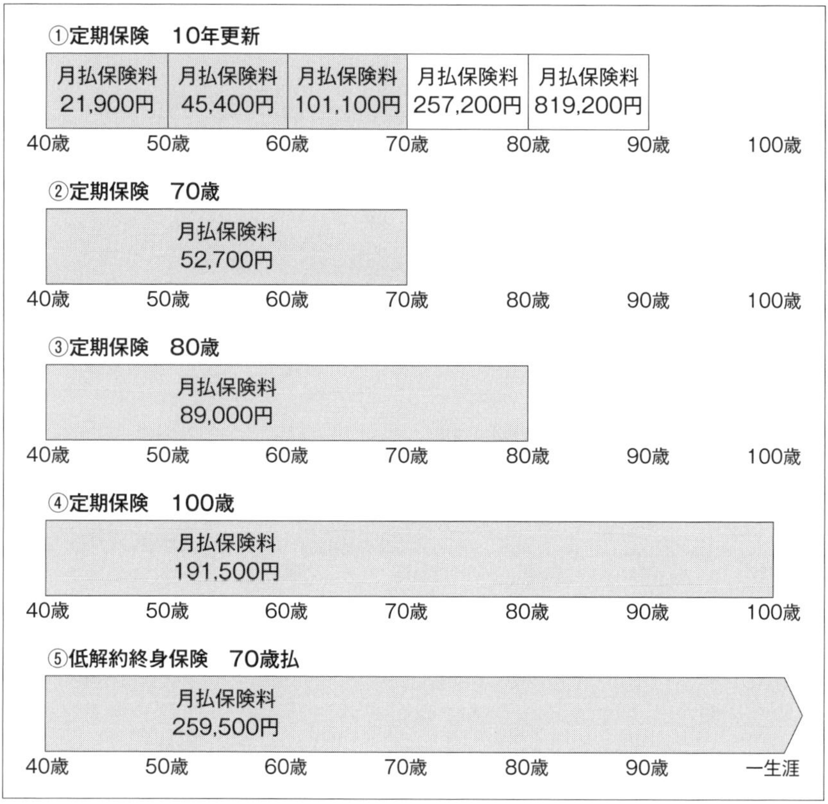

①定期保険　10年更新

月払保険料	月払保険料	月払保険料	月払保険料	月払保険料
21,900円	45,400円	101,100円	257,200円	819,200円

40歳　　　　50歳　　　　60歳　　　　70歳　　　　80歳　　　　90歳　　　　100歳

②定期保険　70歳

月払保険料
52,700円

40歳　　　　50歳　　　　60歳　　　　70歳　　　　80歳　　　　90歳　　　　100歳

③定期保険　80歳

月払保険料
89,000円

40歳　　　　50歳　　　　60歳　　　　70歳　　　　80歳　　　　90歳　　　　100歳

④定期保険　100歳

月払保険料
191,500円

40歳　　　　50歳　　　　60歳　　　　70歳　　　　80歳　　　　90歳　　　　100歳

⑤低解約終身保険　70歳払

月払保険料
259,500円

40歳　　　　50歳　　　　60歳　　　　70歳　　　　80歳　　　　90歳　　　　一生涯

　変更後の保険料は、100歳定期保険に新規加入した時点の40歳で、70歳定期保険に加入した場合と同額になります。つまり、20年前の年齢と予定利率での保険料で加入し直せるのです。保険料は19万1,500円から5万2,700円に軽減されます。しかも、責任準備金の差額が払い戻されるのです（図表2-26、2-27）。

　責任準備金は開示されていないので正確な金額は分かりませんが、解約返戻金の差額を参考にすると、3,500万円程度が払い出されるのではないでしょうか。

図表2-28　各保険種類の変更

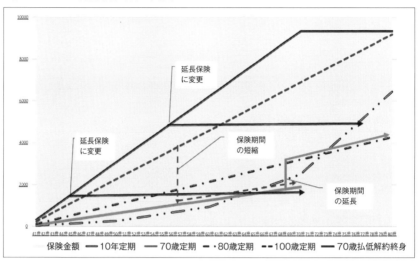

　3,500万円もの手元資金を確保し、1億円の保険金額が継続でき、保険料も軽減することが可能なのです。また、期間短縮の場合、状況に応じて保険期間を再延長することができる保険会社もあります。
　再延長にあたっては「無診査」「告知」など保険会社によって異なり、「優良体での契約」については再延長を不可とする保険会社があるなど、それぞれ規定が異なります。

　定期保険のこれらの機能を活用できれば、どんな保険期間の定期保険に加入していても、加入後の状況・都合に応じた保険期間を選び直すことが可能となるのです。100歳定期保険に加入していて万一、60歳で余命を宣告されたような場合に、100歳までの保険を漫然と続けていくのではなく、私たちのアドバイスで、保険の効果を劇的に高めお客様を護ることが可能となるのです（図表2-28）。

　「期間延長」「期間短縮」「変換」といった機能を活用できれば、定期保

図表2−29　養老保険の保険期間の延長

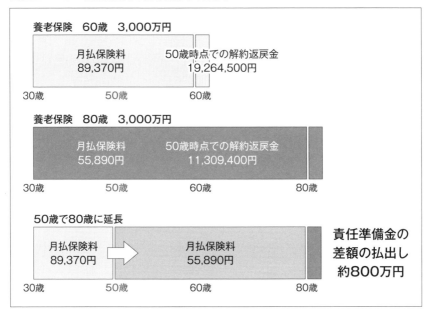

険は何年間で契約するのが最も効率的なのか、という究極の質問に対する答えを加入時に考えることは不要となります。これにより、生命保険の常識にとらわれない提案が可能となるのです。

　払い過ぎた保険料を取り戻すことも、保障切れを防ぐこともできるのです。保険のコンサルタントとして、保険期間によって「掛け捨て保険」と「貯蓄性保険」の二面性を併せ持つ「定期保険」の保全機能とその活用法を理解しておくことは、とても重要と言えます。

4．養老保険

　養老保険は定期保険と同様に保険期間を定めた一定期間の保障となります。また、定期保険と同様に「年満了」と「歳満了」での契約方法があります。養老保険では年満了の契約でも自動更新とはならないのが一

般的で、自動更新となるのは限られた保険会社だけとなります。養老保険でも万一の場合、保険の効果を高める活用方法があります。

①保険期間の延長

　養老保険の場合、保険料負担を軽減し、手元資金が確保でき、保障も継続する方法として、保険期間の延長があります。

　定期保険では保険期間を延長すると、保険料は負担増となり責任準備金の差額を払い込まなければなりません。しかし、養老保険の場合は保険料の負担が軽減され、責任準備金の差額が払い出されるのです。

　例えば図表２－29のように、30歳で加入した60歳満期の養老保険3,000万円を、50歳のときに80歳までの養老保険に保険期間を延長すると、30歳で80歳満期の養老保険に加入した場合と同額の保険料になり、８万9,370円から５万5,890円に引き下げられます。そして責任準備金の差額は、解約返戻金の差額と同等額であれば800万円程度が払い出されるはずです。

　各保険会社の取扱いはさまざまで、年満了のみ延長可能ですが、元の保険期間を含めて最長30年までとなっていたり、特殊養老保険は保険期間を延長することは可能でも、普通養老は延長不可などと制限も多いようです。

②延長保険への変更

　養老保険も延長保険に変更することが可能な保険会社があります。養老保険の場合の延長保険は、元の保険期間を上限とする保険会社が一般的のようです。

　延長保険にすると、計算上は20年間の延長期間となっても、満期まで

図表2－30　養老保険の延長保険への変更

30歳男性　保険金額3,000万円　月払保険料（例）

養老保険　60歳　3,000万円

月払保険料 89,370円	50歳時解約返戻金 19,264,500円	

30歳　　　　60歳　　　　50歳　　　　60歳

保険料を払わずに
10年間
3,000万円の
保障が継続

60歳時に残りの
責任準備金が払い
出される

保険 年度	年齢	保険金額 （万円）	保険料累計	払い済み 保険金額	延長保険 保険期間
1	31歳	3,000	1,072,440	448,600	7年7ヵ月
19	49歳	3,000	20,376,360	19,233,300	11年0ヵ月
20	50歳	3,000	21,448,800	20,216,800	10年0ヵ月
21	51歳	3,000	22,521,240	21,197,600	9年0ヵ月
22	52歳	3,000	23,593,680	22,176,900	8年0ヵ月

50歳で延長保険に変更

月払保険料 89,370円	月払保険料 0円	

30歳　　　　60歳　　　　50歳　　　　60歳

の期間が10年なら10年の延長期間となり、延長期間満了時に責任準備金の残額が払い出されます（図表2－30）。したがって、保険期間が延長されることはなく保険料負担の軽減にとどまります。

このように、保険商品ごとに保険の効果を高める活用法があります。一般的に案内される自動振替貸付や払済み保険などよりも、お客様を護ることができる方法があるのです。ワラにもすがる思いのお客様に手を差し延べてあげることができるのです。これが保険コンサルタントの存在意義ではないでしょうか。

第3章

治療現場から
がん保険を考える

がんは、男性の約62％、女性の約46％が一生涯に罹患するといわれ、日本人の死因の第１位となっています。治療費も高額で、治療期間も長期間にわたり、仕事を失うこともあるとなれば、最も保険で対策しなければならないトリガーイベントと言えるのではないでしょうか。

　それでは、がんに罹患するとどんな状況に追い込まれるのか、どんな保障が必要なのかを考えてみましょう。

1．日本におけるがん保険の歴史

　がん保険は、1974年に日本で初めてアフラック（アメリカンファミリー）が、販売を開始しました。その後、1982年になって日本団体生命（現アクサ生命）、1983年に西武オールステイト生命（現ジブラルタ生命）、アリコジャパン（現メットライフ）、日産生命（現プルデンシャル生命）などが相次いで販売を開始しました。

　しかし、がん保険や医療保険など「第三分野」の保険は、ご存知のとおり日米保険協議により、外資系保険会社か日本の保険会社では中小規模の保険会社のみが販売を許されていて、日本の大手生命保険会社などに販売が許されたのは、2001年になってからです。

　そのため、先行販売したアフラックの独占・寡占状態となり、1999年にアフラックのがん保険のシェアは85％にもなっていました。現在では、通販保険会社や損害保険会社でも販売しており、2017年（平成29年）の個人向けがん保険保有契約は約2,390万件に達し、全人口の約５人に１人が加入している計算になります（図表３－１）。

第3章 ● 治療現場からがん保険を考える

図表3−1　医療保険・がん保険の保有契約件数の推移

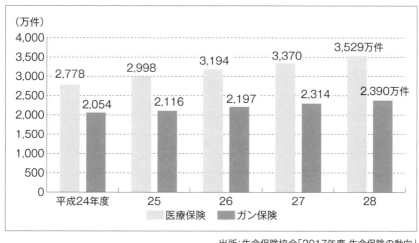

出所：生命保険協会「2017年度 生命保険の動向」

2．がんの罹患状況

　2015年に亡くなった日本人の死亡原因の第1位が、がん（悪性新生物）で、36万790人が亡くなっています。第2位は心疾患19万8,622人、第3位は肺炎12万3,818人、第4位は脳血管疾患で12万1,505人となっています（厚生労働省・平成24年人口動態統計月報年計（概数）の概況より）。

　図表3−2にあるように、がんは1981年（昭和56年）にそれまで1位だった脳血管疾患を上回り、死因の第1位となりました。それ以降もがんによる死亡率は上昇を続け、今では日本人のおよそ3.5人に1人が、がんで死亡していることになります。

　また、直接の死因ではなくても、がんになる確率（罹患率）は、何と男性で61.6％、女性は46.2％といわれ、日本人のおおよそ2人に1人が一生のうちにがんと診断される状況にまでなっています（図表3−3）。

　この罹患率は年々高まっていて、2005年のデータでは、男性53.6％

85

図表3−2　主な死亡別にみた死亡率の年次推移

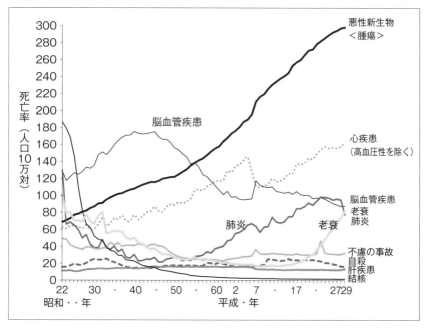

出所：厚生労働省「人口動態調査」（平成29年）

女性40.5％となっており、毎年約1％が増加している計算になります。

　年齢によるがんの罹患状況は、女性は30歳を超えるころから罹患率が徐々に高まり、男性では40歳を超えたあたりから急激に高まります。この状況を鑑みれば、40歳になったらがん検診とがん保険が必要ということが理解できるのではないでしょうか（図表3−4）。

　しかし、日本のがん検診の受診率は国際比較で、乳がん検診、子宮頸がん検診は、OECD（経済協力開発機構）加盟国30ヵ国の中で最低レベルに位置しています。欧米の検診受診率70％以上に対し日本は20〜30％と、とても低いのが現状です（図表3−5、3−6）。

第3章 ● 治療現場からがん保険を考える

図表3-3 累積がん罹患リスク

年齢階級別罹患リスク（2013年罹患・死亡データに基づく）
Age-specific Incidence Risk (Based on Incidence and Mortality Data in 2013)

部位 Site	性別 Sex	歳 age ~39	~49	~59	~69	~79	生涯 Life time	何人に1人か 1in
全がん All cancers C00-C96	男性 Males	1.0	2.6	7.8	21.1	41.1	61.6	2
	女性 Females	1.9	5.5	11.0	18.9	29.3	46.2	2

出所：財団法人がん研究振興財団「がん統計'17」

年齢階級別罹患リスク（2005年罹患・死亡データに基づく）
Age-specific Incidence Risk (Based on Incidence and Mortality Data in 2005)

部位 Site	性別 Sex	歳 age ~39	~49	~59	~69	~79	生涯 Life time	何人に1人か 1in
全がん All cancers C00-C96 D05-D06	男性 Males	0.9	2.4	7.3	19.1	37.0	53.6	2
	女性 Females	1.9	5.0	9.5	16.1	25.2	40.5	2

出所：財団法人がん研究振興財団「がん統計'10」

図表3-4 がん罹患率の年齢による変化

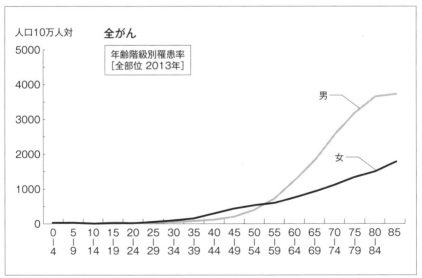

出所：国立がん研究センターがん対策情報センター

図表3-5　50～69歳 女性のマンモグラフィー検診受診割合（2006年）

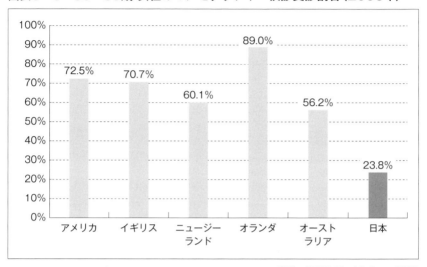

出所：OECD Health Data 2009

図表3-6　がん検診の受診率（平成16年・19年）

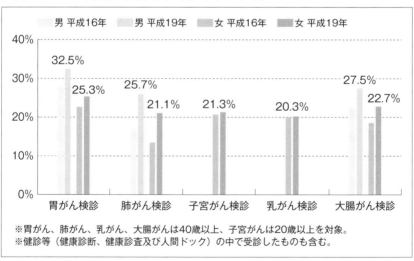

※胃がん、肺がん、乳がん、大腸がんは40歳以上、子宮がんは20歳以上を対象。
※健診等（健康診断、健康診査及び人間ドック）の中で受診したものも含む。

出所：厚生労働省「国民生活基礎調査」

第3章 ● 治療現場からがん保険を考える

図表3-7 がん検診の受診率(平成25年)

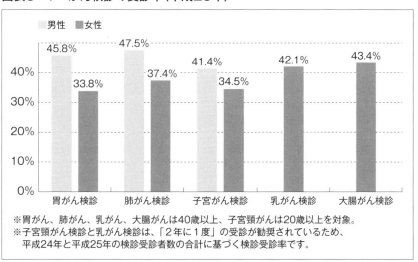

出所:厚生労働省「国民生活基礎調査」

　近年受診率は増加傾向にありますが、平成25年のデータでも30〜40％台にとどまっています。こんな状況からか、がんによる死者が増加しているのは、先進国で日本だけとなっています（図表3-7）。

　がん検診を受けないのは、次のような理由によります。
・受ける時間がないから
・健康に自信があり必要性を感じないから
・心配なときはいつでも受診できるから
・費用がかかり経済的な負担になるから
・がんと分かるのが怖いから
・うっかり忘れてしまうので
・検査に伴う苦痛が不安なので
・がん検診を受けても見落としがあり効果に疑問があるから
　背景にはこれまで健康だったから、この先も自分には何も起こらない、

自分だけは大丈夫、という潜在意識があるようです。がんのことをよく理解していない意識の低さが伺えます。

　がん罹患者数・がん死亡者数の急増に対し、日本では以下の対策が講じられてきました。

　昭和59年：対がん10ヵ年総合戦略

　平成６年：がん克服10ヵ年戦略

　平成16年：第３次対がん10ヵ年総合戦略

　平成18年：がん対策基本法が成立

　平成19年：第１期がん対策推進基本計画

　平成24年：第２期がん対策推進基本計画

　平成28年：がん対策基本法が成立

　平成30年：第３期がん対策推進基本計画（平成30年３月９日閣議決定）

　これでも受診率が思うように上がらないのは、国民ががんのことをよく分かっていないのが原因であるとして、学習指導要項にがん教育が織り込まれ、全国の小・中・高校で開始されました。

　一方、世界でも注目される画期的な「がん検査」が開発されています。線虫という体長１mmの虫で、がん患者の尿独特の匂いを嗅ぎ分けるという方法です。最新のデータによると的中率は約９割とのことです。

　線虫は簡単に培養でき飼育コストもかからず、尿１滴で検査できるのです。現在、2020年の実用化に向けて詰めの研究が進められているところです。

　こんな検査が誰でも簡単に、頻繁に受けられるようになったら、がんのパンデミックが起きてもおかしくありません。その先に待っているのは、がん保険の販売停止か大幅な保険料の値上げではないでしょうか。

図表3-8　がんの退院患者平均在院日数の推移

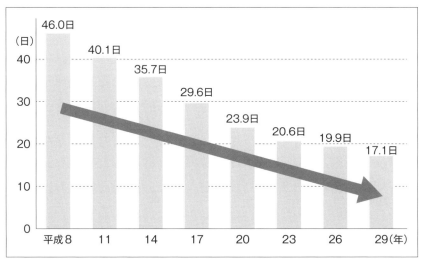

出所：厚生労働省「患者調査」（平成29年）

3．がん保険に必要な保障内容

　がん保険は、現在では多くの保険会社で取り扱っていますが、その保障内容と期待できる効果には大きな違いがあります。アフラックは「がん保険」の発売以来、何度か保障内容が見直され、「診断給付金」と「入院給付金」「手術給付金」が主な保障内容となりました。そのころに第三分野が解禁され、がん保険の販売に参入した保険会社もアフラックの保障内容を踏襲しました。

　各保険会社の保障内容の違いは、上皮内がんに対する診断給付金についてでした。しかし現在の比較推奨のポイントは、外来治療に対する保障のあり方に変わってきています。近年のがん治療は、他の病気と同様に入院日数の短縮化とともに（図表3-8）、外来へとシフトするなか

図表3－9　がんの入院・外来患者数の年次推移

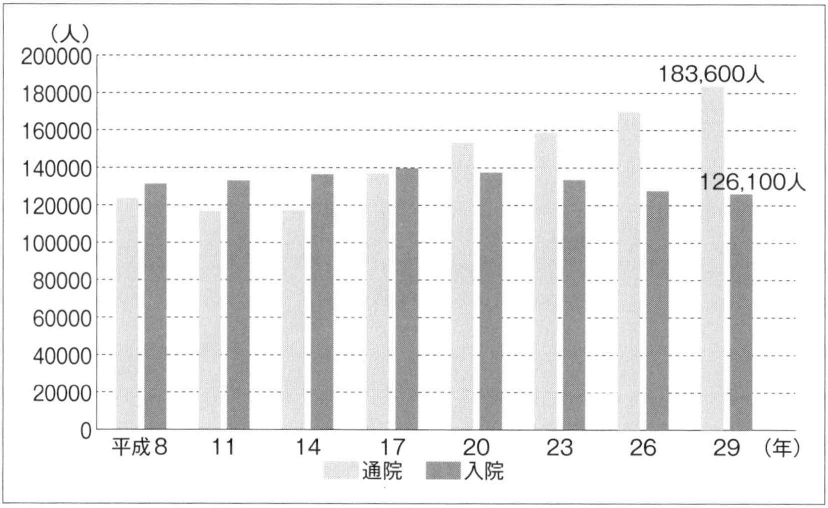

出所：厚生労働省「患者調査」（平成29年）

で（図表3－9）、これまでの「入院」「手術」を前提としたがん保険で
は十分な保障が得られにくくなってきています。

　では、がんになってしまった場合に備えて、どんながん保険を提案す
ればお客様を護ることができるのでしょうか。そこで、がんと宣告され
た場合に、どんな状況に追い込まれるのかを踏まえて考えてみたいと思
います。

4．がんの治療法＝三大療法

　がん治療とは、どんなものなのかに目を向けてみましょう。
　がんの治療は、「手術療法」「化学（薬物）療法」「放射線療法」の3
種類が、基本的な三大療法です。また、2つ以上の治療を組み合わせる
集学的治療が多く採用されているようです。

第3章 ● 治療現場からがん保険を考える

①手術療法

　早期のがんやある程度進行しているがんでも、切除可能な状態であれば手術療法が積極的に行われています。がんを切除しますので、転移がなければ完治の可能性が高いとされる治療方法です。

　しかし、体にメスを入れるので患者に負担がかかることや、切除の部位によっては、命と引き換えに体の機能が失われることもあるようです。

　この手術療法は、基本的には健康保険の対象となりますが、手術のデメリットを小さくするために、切除する範囲をできるだけ最小限にとどめる内視鏡を使った腹腔鏡手術、胸腔鏡手術や手術支援ロボット（ダヴィンチ＝3次元の立体的画像を介して、実際の手を動かすような細かい動きで、精密な操作が可能となるため、より安全で確実な切除手術が行える）などを用いて行う場合には、健康保険の対象外となり高額な治療費が必要となるケースもあるようです。

②化学（薬物）療法

　がんの治療薬によってがん細胞を死滅させたり、増殖を抑えたりする治療方法です。化学療法には、分子標的薬、核酸医薬、ホルモン薬や、新しいメカニズムの薬剤として注目されているオプジーボなどの免疫チェックポイント阻害薬があります。免疫チェックポイント阻害薬は、複数のがんで効果が得られることや、抗がん薬と比べて副作用が少ないことから、大きな期待が寄せられています。

　これらの投与方法には、点滴や注射の他に経口投与される内服薬もあります。化学療法は薬剤が血液によって全身を巡るため、転移しているがんにも効果があるとされています。しかし、脱毛、吐き気、倦怠感な

93

どの副作用による苦痛や、肝臓や腎臓、造血器官などへの障害が避けられず、患者にとってつらい治療になることもあるようです。

この化学療法も、基本的には健康保険の対象となる抗がん剤が使用されますが、がん細胞だけに作用する副作用の少ない抗体医薬（分子標的治療薬）と呼ばれる抗がん剤は費用がかかり、再発予防目的で使用する場合は、長期間にわたり高額療養費の自己負担限度額は覚悟しなければならないようです。

また、健康保険の対象となる抗がん剤で効果が認められなかった場合は、未承認の薬剤の投与を検討することもあるようです。日本国内では承認されていない薬剤を投与したり、薬剤自体は承認されていても、その部位のがんへの投与は認められない場合には、自由診療扱いとなります。すると、それまで健康保険の対象となっていた治療分までも対象外となり、全額が自己負担となってしまいます。

自由診療となった場合、高額療養費の払戻しの対象にならないため、高額な治療費を強いられることとなります。このことから、未承認の薬剤などを投与できるのは、経済的に余裕のあるごく限られた方になるのではないでしょうか。

③放射線療法
がんの病巣部に放射線を照射して、がん細胞を死滅させる局所療法です。
体の外側から放射線を照射する「外部照射」だけでなく、放射線を出す物質を密封した針やカプセルを病巣部に挿入する「小線源療法」、放射性物質を注射や内服で投与する「放射性同位元素内用療法」などがあ

ります。照射する部位によっては、一時的に皮膚や粘膜の炎症などの副作用が現れることもあります。

しかし、全身に薬剤の影響が出る抗がん剤と異なり、ピンポイントで照射することができるため、全身への悪影響が抑えられるというメリットもあります。病状や症状によっても異なりますが、放射線治療は4～6週間にわたり行われ、月曜日から金曜日まで5回で週末は休むサイクルで、合計20～30回の照射になることが多いようです。

放射線療法も、一般に行われる治療については、健康保険が適用されます。しかし、陽子線や重粒子線などの照射療法については、一部の疾患を除き先進医療扱いとなり、1回の治療で約300万円もの費用がかかります。

5．がんの治療にはいくらかかるか

がんの治療にはお金がかかると言われています。しかし、どんな治療に費用がいくらかかるかは、一般的に知られていません。家族や知人など、がんを患っている人が身近にいなければ、知る由もないでしょう。

がんの部位と進行度・治療方法によっても、その治療費は大きく異なりますが、がんの治療費を検索できる「がん治療.com」によると、日本人に最も多い肺がんで、ステージⅣ　抗がん剤治療を行ったケースでは図表3－10の通りとなっています。

この表を見ると抗がん剤治療の費用がとても高額なのが分かります。しかし、抗がん剤の投薬で毎月100万円の治療費がかかったとしても、保険診療で処方されるなら、高額療養費制度によって収入に応じた自己負担限度額が定められ、法外な治療費を強いられることはありません（図表3－11）。

95

図表3－10　非小細胞がんⅣ期ステージでの治療方法と治療費

● 薬物療法

治療費総額　6,486,290円

1年目の治療費	6,486,290円

	血液検査	画像検査	薬物	その他	
1ヵ月目	1,330円	2,800円	1,524,200円	730円	1,529,060円
2ヵ月目	8,520円	33,700円	545,340円	6,920円	594,480円
3ヵ月目	7,190円	33,700円	545,340円	6,190円	592,420円
4ヵ月目	8,520円	2,800円	1,077,180円	6,190円	1,094,690円
5ヵ月目	8,520円	33,700円	403,800円	6,920円	452,940円
6ヵ月目	7,190円	2,800円	403,800円	5,460円	419,250円
7ヵ月目	8,520円	30,900円	807,600円	6,920円	853,940円
8ヵ月目	8,520円	0円	403,800円	6,190円	418,510円
9ヵ月目	7,190円	113,090円	403,800円	6,920円	531,000円
10ヵ月目	0円	0円	0円	0円	0円
11ヵ月目	0円	0円	0円	0円	0円
12ヵ月目	0円	0円	0円	0円	0円
合計	65,500円	253,490円	6,114,860円	52,440円	6,486,290円

出所：がん治療.com

　標準報酬月額が50万円以下の方なら、病院から30万円の医療費を請求されても、1ヵ月に約8万円以上の一部負担金であればその差額は払い戻されます。予定された手術などの場合は、事前に限度額申請をしておけば自己負担限度額以上の一部負担金を請求されることもありません。

第3章 ● 治療現場からがん保険を考える

図表3-11　医療費が高額になったとき

70歳未満の方の区分（平成27年1月診療分から）

所得区分	自己負担限度額	多数該当
①区分ア （標準報酬月額83万円以上の方） （報酬月額81万円以上の方）	252,600円＋ （総医療費－842,000円） ×1％	140,100円
②区分イ （標準報酬月額53万円〜79万円の方） （報酬月額51万5千円以上〜 81万円未満の方）	167,400円＋ （総医療費－558,000円） ×1％	93,000円
③区分ウ （標準報酬月額28万円〜50万円の方） （報酬月額27万円以上〜 51万5千円未満の方）	80,100円＋ （総医療費－267,000円） ×1％	44,400円
③区分エ （標準報酬月額26万円以下の方） （報酬月額27万円未満の方）	57,600円	44,400円
④区分オ （低所得者） （被保険者が市区町村民税の非課税者等）	35,400円	24,600円

※「区分ア」または「区分イ」に該当する場合、市区町村民税が非課税であっても、標準報酬月額での「区分ア」または「区分イ」の該当となります。
　多数該当：高額療養費として払戻しを受けた月数が1年間（直近12ヵ月）で3月以上あったときは、4月目（4回目）から自己負担限度額がさらに引き下げられます。

　高額療養費制度は、健康保険の加入者が負担能力以上の医療費を強いられることのないように、収入に応じた一定額を超える医療費は、その超えた部分が払い戻されます。

　しかし、この制度は高額な手術を一度行えば完治が見込めるようなケースではとても有効なのですが、長期間にわたる抗がん剤治療において

は、この負担額はボディブローのように闘病期間の経済力を削いでいきます。

　例えば月額給与60万円の方が、大腸がんを患い手術の後に抗がん剤治療を行うケースでは、闘病期間中は休職し傷病手当金の給付を受けると、収入は60万円から40万円となります。収入が3分の2になって医療費負担を強いられると考えるだけでも、相当厳しい生活となることが想像できますが、実態はもっと辛いものとなるのです。

　傷病手当金は非課税なので、所得税は源泉されませんが、休職期間中も社会保険料は払わなければなりません。標準報酬月額が60万円なら、健康保険料3万3,836円　厚生年金保険料、5万3,985円（東京都：40歳以上：平成30年4月分からの保険料）となり、毎月8万7,821円もの社会保険料の本人負担分を払わなければならないのです。そして、前年の収入に対して住民税の支払いもあるのです（図表3−12）。

（注）傷病手当金の受給期間中に会社から何らかの報酬が支払われたり、社会保険料の支払いを免除された場合は、その金額が賃金とみなされてしまいます。せっかく会社が従業員のために温情的な措置をとって費用負担をしても、その分の傷病手当金がカットされてしまい、従業員の収入を増やすことはできません。

　そんな状況で、傷病手当金から社会保険料と住民税を払い、住宅ローンや教育費、生活費を賄い、医療費の自己負担限度額を捻出していかなければならないのです。さらに、休職中は夏季・冬期の賞与も支給されない、もしくは大幅に減額されるかもしれないのです。
　具体的には標準報酬月額60万円の方なら約16万7,400円、多数該当の

第3章 ● 治療現場からがん保険を考える

図表3−12 平成30年4月分からの健康保険・厚生年金保険料額表

・健康保険料率：平成30年3月分～ 適用　・厚生年金保険料率：平成29年9月分～ 適用
・介護保険料率：平成30年3月分～ 適用　・子ども・子育て拠出金率：平成30年4月分～ 適用

（東京都）　　　　　　　　　　　　　　　　　　　　　　　　　　　　　　　　　　　（単位：円）

標準報酬		報酬月額		全国健康保険協会管掌健康保険				厚生年金保険料（厚生年金基金加入員を除く）	
等級	月額			介護保険第2号被保険者に該当しない場合 9.90%		介護保険第2号被保険者に該当する場合 11.47%		一般、坑内員・船員 18.300%※	
		円以上	円未満	全額	折半額	全額	折半額	全額	折半額
1	58,000	～	63,000	5,742.0	2,871.0	6,652.6	3,326.3		
2	68,000	63,000～	73,000	6,732.0	3,366.0	7,799.6	3,899.8		
3	78,000	73,000～	83,000	7,722.0	3,861.0	8,946.6	4,473.3		
4(1)	88,000	83,000～	93,000	8,712.0	4,356.0	10,093.6	5,046.8	16,104.00	8,052.00
5(2)	98,000	93,000～	101,000	9,702.0	4,851.0	11,240.6	5,620.3	17,934.00	8,967.00
6(3)	104,000							19,032.00	9,516.00
7(4)	110,000							20,130.00	10,065.00
8(5)	118,000							21,594.00	10,797.00
9(6)	126,000							23,058.00	11,529.00
10(7)	134,000							24,522.00	12,261.00
11(8)	142,000							25,986.00	12,993.00
12(9)	150,000							27,450.00	13,725.00
13(10)	160,000							29,280.00	14,640.00
14(11)	170,000							31,110.00	15,555.00
15(12)	180,000							32,940.00	16,470.00
16(13)	190,000							34,770.00	17,385.00
17(14)	200,000							36,600.00	18,300.00
18(15)	220,000							40,260.00	20,130.00
19(16)	240,000							43,920.00	21,960.00
20(17)	260,000	250,000～	270,000	25,740.0	12,870.0	29,822.0	14,911.0	47,580.00	23,790.00
21(18)	280,000	270,000～	290,000	27,720.0	13,860.0	32,116.0	16,058.0	51,240.00	25,620.00
22(19)	300,000	290,000～	310,000	29,700.0	14,850.0	34,410.0	17,205.0	54,900.00	27,450.00
23(20)	320,000	310,000～	330,000	31,680.0	15,840.0	36,704.0	18,352.0	58,560.00	29,280.00
24(21)	340,000	330,000～	350,000	33,660.0	16,830.0	38,998.0	19,499.0	62,220.00	31,110.00
25(22)	360,000	350,000～	370,000	35,640.0	17,820.0	41,292.0	20,646.0	65,880.00	32,940.00
26(23)	380,000	370,000～	395,000	37,620.0	18,810.0	43,586.0	21,793.0	69,540.00	34,770.00
27(24)	410,000	395,000～	425,000	40,590.0	20,295.0	47,027.0	23,513.5	75,030.00	37,515.00
28(25)	440,000	425,000～	455,000	43,560.0	21,780.0	50,468.0	25,234.0	80,520.00	40,260.00
29(26)	470,000	455,000～	485,000	46,530.0	23,265.0	53,909.0	26,954.5	86,010.00	43,005.00
30(27)	500,000	485,000～	515,000	49,500.0	24,750.0	57,350.0	28,675.0	91,500.00	45,750.00
31(28)	530,000	515,000～	545,000	52,470.0	26,235.0	60,791.0	30,395.5	96,990.00	48,495.00
32(29)	560,000	545,000～	575,000	55,440.0	27,720.0	64,232.0	32,116.0	102,480.00	51,240.00
33(30)	590,000	575,000～	605,000	58,410.0	29,205.0	67,673.0	33,836.5	107,970.00	53,985.00
34(31)	620,000	605,000～	635,000	61,380.0	30,690.0	71,114.0	35,557.0	113,460.00	56,730.00
35	650,000	635,000～	665,000	64,350.0	32,175.0	74,555.0	37,277.5		
36	680,000	665,000～	695,000	67,320.0	33,660.0	77,996.0	38,998.0		
37	710,000	695,000～	730,000	70,290.0	35,145.0	81,437.0	40,718.5		
38	750,000	730,000～	770,000	74,250.0	37,125.0	86,025.0	43,012.5		

健康保険料　　　33,836円
厚生年金保険料　53,985円
　合計　　　　　87,821円

※厚生年金基金に加入している方の
厚生年金保険料率は、基金ごとに
定められている免除保険料率

場合は9万3,000円を負担しなければならないのです。負担能力に応じた金額とは感じられないのではないでしょうか。

　例えば、図表3−10の治療の自己負担額は以下のようになります。

1ヵ月目…17万7,110円

2ヵ月目…16万7,764円

3ヵ月目…16万7,744円

4ヵ月目… 9万3,000円

5ヵ月目… 9万3,000円

6ヵ月目… 9万3,000円

7ヵ月目… 9万3,000円

8ヵ月目… 9万3,000円

図表3-13 がん治療にかかわる費用総額

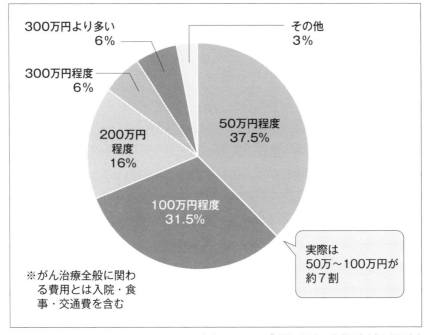

出所:アフラック「がんに関する意識調査」(平成22年)

9ヵ月目… 9万3,000円

　しかも、この1年間の治療で効果が認められなければ、一定期間後に他の抗がん剤も投与することになり、医療費負担は続いていくのです。この自己負担限度額を傷病手当金から捻出していくことを覚悟しておかなければならないのです。

　傷病手当金だけでは、闘病中のキャッシュフローを成り立たせることは難しいと言えそうです。また、闘病期間が長引けば、傷病手当金も1年6ヵ月で支給停止となってしまいます。こんな状況で、一定額以上の負担を強いられることはないと思われている健康保険でも、治療を継続することが困難になる方は少なくないのです。

第3章 ● 治療現場からがん保険を考える

（注）大手企業の健康保険組合などでは、独自の付加給付が用意されているところもあります。傷病手当金に上乗せの給付があり、高額療養費制度では「月額３万円を患者負担の上限とする」などの制度が用意されていたりします。一方、個人事業主の加入する国民健康保険には傷病手当金はないうえ、店舗の家賃や人件費、リース料などの固定費も強いられます。資格や技術で商売をしている方は闘病中は営業できないため、サラリーマン以上に十分な備えが必要と言えます。

６．保険外診療の選択

　がん治療の場合でも、他の病気と同様に保険診療の範囲内で行われることが多いようです。しかし、保険適用の抗がん剤では効果が認められなかったような場合には、国内では認められていない未承認薬の投与も検討せざるを得ません。

　しかし、混合診療が認められていない結果、公的医療保険が適用されない治療を一部でも受ければ、すべて自由診療扱いとなってしまいます。

　この場合、高額療養費の払戻しも適用されず、とんでもない医療費負担を強いられることになります（図表３−13）。

　家族が思いもよらずがんを発病してしまった場合、最善の医療を受けさせるためには、尋常ではない医療費負担という現実に直面することになります。そんな状況において、平成28年に混合診療が可能となる「患者申出療養制度」がスタートしました。

　60歳の男性が、2000年12月に腎臓がんと診断され、翌年には頭部などへ転移していることが分かりました。それまでは、保険適用の薬で治療

101

していて、月額約7万円（当時の高額療養費の限度額）を払っていましたが、3ヵ月後に保険適用外の「自己リンパ球移入療法」（当時は先進医療に認定されていない）を受けることになり、その自由診療分の費用は約50万円でした。

　普通に計算すれば57万円となりますが、混合診療の禁止により保険適用の治療分まで自由診療とみなされ、75万円の医療費を請求され、これを不服として提訴となりました。患者が補助的治療を望んだだけで、なぜ、すべての治療が保険適用外となってしまうのか、不満に感じるのは当然のことでしょう。かつて小泉内閣の規制改革・民間開放推進会議でも、混合診療の解禁が打ち出されました。

　健康保険の対象となる治療をベーシックなものにとどめ、先進的な治療は自由診療として保険診療に落とし込まないことで、国や企業の医療費負担の増加に歯止めがかけられるのでは、と考えられたのかもしれません。しかし、保険証を持っているだけで一定水準の治療が受けられる皆保険制度がなし崩しになるのではとの懸念が、日本医師会や患者団体などから指摘されました。

　一方、海外では使われているのに日本では保険適用でない新薬などの使用を、がん患者らが望む例も増えていますが、その場合でも、混合診療を認めるのではなく、薬の審査をもっと迅速にできるようにするのが本筋ではないかとの指摘もされていました。
　2007年に「保険診療と自由診療を組み合わせた混合診療を、国が原則禁止にしているのは法的に根拠がない」と、東京地裁が判断を示しましたが、その東京地裁の判断も、2年後の9月には東京高裁によって「混合診療禁止は適法」と覆されました。

第3章 ● 治療現場からがん保険を考える

図表3-14　患者申出療養制度がスタート

出所：厚生労働省HPより

　先進医療や医薬品の治験など一定のケースでは、すでに保険・自由診療の併用が認められています。緊急に補助的な医療を加えるのが必要だと医師が判断したケースに限り、患者の自己責任で認めるなど、個別に柔軟な運用も考える必要があるという指摘もされました。こんな背景のなか、患者申出療養制度が創設されました（図表3-14）。
　しかし、患者申出療養制度によって、混合診療が可能となっても、高額な抗がん剤を全額自己負担で使用することができるのは、限られた資産家だけではないでしょうか。

７．がん治療に必要な保障内容

　一般の方でも、保険適用外の治療を選択できるためには、保険の力を借りることが必要となります。セコム損保の自由診療保険「メディコム」やSBI損保のがん保険「自由診療タイプ」に加入しておけば、医療費を気にすることなく最良の治療方法を選択することができます。

　入院中のがん治療の医療費が、保険診療・先進医療・自由診療に関わらず、これらのがん保険から給付を受けられるのです。これが、がんの治療費を賄うためのがん保険のあるべき姿ではないかと思われます。

　ただし、これらの保険でも、外来での治療に関しては「メディコム」では、５年ごとに1,000万円限度、SBI損保の「自由診療タイプ」では、1,000万円が限度となっています。これでは、「オプジーボ」のような、超高額薬を、健康保険で認められていない部位のがんに、外来で処方を受けるのには残念ながら無理があるようです。

　一方で、保険診療の範囲内で外来での治療費負担に備えるのなら、毎月の高額療養費の自己負担限度額を賄えるがん保険を選べばよいことになります。

　最近のがん保険のパンフレットでは、「外来治療も手厚く保障」などというキャッチコピーを目にしますが、その保障内容は２つに大別され、大きな違いがあります。

　それは、外来治療の保障を通院日数に応じた通院給付金で保障するタイプと、放射線治療・抗がん剤・ホルモン療法などの治療に対して毎月定額で保障するタイプに分かれています。

第3章 ● 治療現場からがん保険を考える

図表3-15　がんの治療費、自己負担限度額と通院・治療給付金の額　　（円）

	治療費	自己負担限度額	通院給付金日額1万円	治療給付金20万円
1ヵ月目	1,529,060	177,110	10,000	200,000
2ヵ月目	594,480	167,764	10,000	200,000
3ヵ月目	592,420	167,744	10,000	200,000
4ヵ月目	1,094,690	93,000	10,000	200,000
5ヵ月目	452,940	93,000	10,000	200,000
6ヵ月目	419,250	93,000	10,000	200,000
7ヵ月目	853,940	93,000	10,000	200,000
8ヵ月目	418,510	93,000	10,000	200,000
9ヵ月目	531,000	93,000	10,000	200,000
10ヵ月目	0			
11ヵ月目	0			
12ヵ月目	0			
合計	6,486,290	1,070,618	90,000	1,800,000

　通院給付金タイプの場合、4～6週間にわたって行われ、月曜日から金曜日で5日間治療し週末は休むというサイクルで、合計20～30回の照射のために通院をするような放射線治療には有効といえます。しかし抗がん剤治療は1コース2週間から3週間のスケジュールで行うものも多く、この場合、1ヵ月の通院回数は1～2回程度となることが多いようです。

　こんな抗がん剤治療では、通院1日につき1万円程度の給付金では、1ヵ月の自己負担限度額を賄うことはできないのです。

　通院日数を問わず定額が給付される外来治療給付金タイプであれば、ひと月に10～30万円程度の給付が受けられ、高額療養費の自己負担限度額を賄うことが可能となるのです。現在ではこの外来治療に対する保障が、がん保険選択の最大のポイントではないでしょうか。

105

図表3-16 がん患者の平均在院日数

傷病分類		総数	0～14歳	15～34歳	35～64歳	65歳以上	75歳以上(再掲)
総　数		29.3	7.4	11.1	21.9	37.6	43.6
Ⅱ　新生物		16.1	14.3	10.2	12.0	18.2	21.5
悪性新生物 (再掲)		17.1	21.6	15.9	13.0	18.6	21.8
胃の悪性新生物 (再掲)		19.2	8.1	12.5	13.0	20.8	24.0
結腸及び直腸の悪性新生物 (再掲)		15.7	8.8	12.7	11.7	17.1	20.5
肝及び肝内胆管の悪性新生物 (再掲)		16.9	15.7	36.5	13.0	17.7	19.8
気管、気管支及び肺の悪性新生物 (再掲)		16.3	12.5	9.7	13.3	17.1	19.3
乳房の悪性新生物 (再掲)		11.5	5.5	7.1	8.4	15.7	20.1

出所：厚生労働省「患者調査」（平成29年）

　また、外来治療給付金は1ヵ月1回・60回を限度とするものや、2,000万円を限度とするもの、回数や上限金額のない無制限に保障するもの、年1回の給付で最長5回や10回の高額な設定ができるものなどがあります。

　例えば図表3-10の治療を行った場合、標準報酬月額60万円の方の自己負担限度額と、通院日額タイプの給付金、治療給付金タイプを20万円で設定した場合の給付金は図表3-15の通りです。

　近年の医療保険では、がんや三大疾病で入院した場合は一入院限度日数を無制限で保障するものや、がんのみならず三大疾病の診断給付金の特約が付けられるものまで登場しています。「がん診断給付金」「入院給付金」「手術給付金」「通院給付金」といった旧態依然とした保障内容のがん保険では、その存在意義が薄れてきているのです。

第3章 ● 治療現場からがん保険を考える

図表3-17　がんによる収入の変化と休職・休業の期間

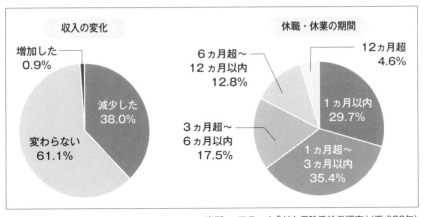

出所：アフラック「がん保険受給者調査」（平成22年）

　がんによる平均在院日数は、一般病床の平均在院日数を若干上回るものの、16.1日程度にとどまるようです（図表3-16）。がん治療において、抗がん剤治療や放射線治療も外来で行われることも多くなり、入院治療だけではなく、外来治療においても、がんの治療費は高額化しているのです。

　がんによる入院・外来患者については、入院患者は平成20年以降は減少傾向にあるものの、外来患者については増加の一途をたどり、平成29年には18万3,600人にも上っています（図表3-9）。

　また、医療技術の進歩で、「がん」も不治の病ではなくなりつつあると言われていますが、化学療法などの場合、投与期間が長期間にわたり、その間は副作用や免疫力の低下などで、簡単に仕事には復帰できないようです（図表3-17）。

　万一、がんと診断されて命がけの戦いに臨むには、医療費負担の他にも収入の減少という2重苦に備えられる保障が必要となります。サラリーマンであっても、傷病手当金は1年6ヵ月で支給停止となります。ま

図表3−18　がん患者の就労状況調査

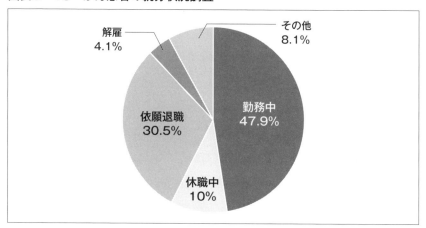

出所：静岡県立がんセンター「がん患者の就労状況調査」（平成25年）

た、がんに罹患すると自ら退職してしまう方も多いようです（図表3−18）。

　がんの闘病期間は長期間におよぶことも多いため、仕事に復帰できるまで、もしくは死亡保険金が払われるまでの収入が確保できて、初めてがんに備える万全な対策と言えます。

　そんな闘病中の収入を確保するためには、これまでは損害保険商品の「所得補償保険」や「団体長期障害所得補償保険」で備えることが必要でした。というのも、生命保険の商品では闘病中の収入を確保することが難しかったからですが、アクサ生命から「収入保障」のがん保険が発売されました（図表3−19）。

　これは、初めてがんと診断されれば年金が支払われるという明確な保険です。このがんの闘病中の収入を確保して初めて、がんに対する保険の備えが万全と言えるのではないでしょうか。

第3章 ● 治療現場からがん保険を考える

図表3−19　がん保険の契約例

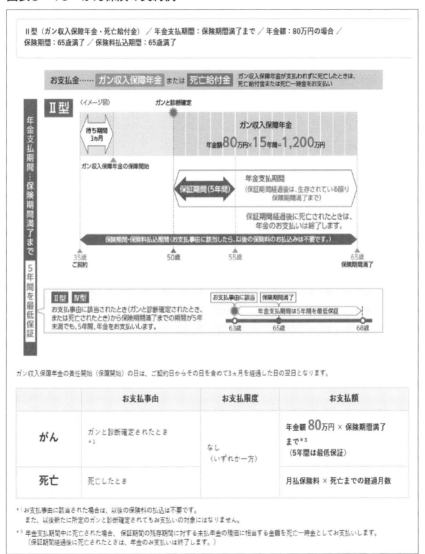

（注）収入保障保険のなかには、死亡・高度障害の保障だけではなく、がんのみならず5疾病で就業不能状態が60日継続した場合や、障害等級や公的介護保険制度などに連動して支給されるものも登場していますが、治療の内容や

図表3-20　FWD富士生命のがん保険の契約例

ご契約内容

契約者名　：　　　　　様
被保険者名：　　　　　様　　　　　　　　　　性別：男性　　　　生年月日：40歳

商品名	給付金額	保険期間	保険料払込期間	保険料払込方法	保険料
無解約返戻金型 悪性新生物療養保険 （2017）	100万円	終身	終身	月払 口振	5,238円

一部一時払保険料	0円
一括・前納保険料	0円
一括・前納回数	

初回払込保険料	5,238円

【ご契約内容】

主契約名・特約名・特則名	給付金額	保険料	保険期間	保険料払込期間	
無解約返戻金型 悪性新生物療養保険 （2017）	100万円	2,662円	終身	終身	
上皮内新生物診断給付金特約 （2017）	50万円	258円	終身	終身	
がん先進医療特約 （2017）	あり	132円	終身	終身	
がん治療給付金特約 （2017）	20万円	1,599円	終身	終身	
がん手術特約 （2017）	20万円	587円	終身	終身	
合計保険料 （1回分）		5,238円	（年間保険料：62,856円）		

就業状態によっては給付を受けられないケースもあります。

　がん保険だけで備えるのであれば、治療給付金特約を複数の保険会社で重複して加入しておくことで、治療費に加えて生活費の補填とすることも可能ではないでしょうか（治療給付金は高額の設定ができる保険会社でも30万円を限度としている保険会社が一般的）。

　では、がん保険はいつ加入すればよいのかについて考えてみたいと思います。そこで、保障内容が充実しているがん保険として人気の高い、FWD富士生命のがん保険を例に考えてみたいと思います（図表3-

第3章 ● 治療現場からがん保険を考える

図表3-21　契約例①

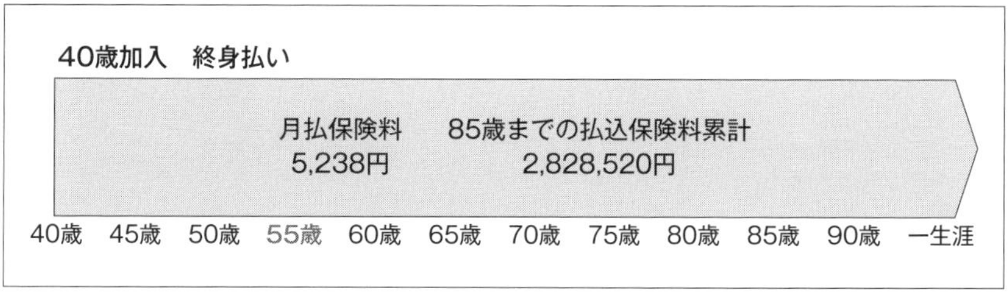

図表3-22　契約例②

図表3-23　契約例③

20)。

　40歳の男性が図表3-20の保障内容で加入すると、終身払いで月払保険料が5,238円となります（図表3-21）。

　この保険を、子どもの教育費負担がなくなってから加入しようと50歳

になってしまうと、毎月の保険料は8,277円となります。仮に男性の平均寿命を85歳だと仮定すると、生涯に払い込む保険料も、40歳加入時の282万8,520円から347万6,340円となってしまいます。40歳から50歳の保障は得られずに保険料負担が増えてしまうのです（図表3−22）。

さらに、住宅ローンの返済が終わる60歳で加入するとなると、毎月の保険料は1万3,138円となり生涯払い込む保険料累計の予想が394万1,400円となってしまい、40歳から60歳までの罹患率が高まる年代で保障が準備できずに、無防備な状態でがん発症のリスクも背負ってしまうのです（図表3−23）。

保険料負担も少なくお客様を護るためには、なるべく早くがん保険をご案内する必要がありそうです。

図表3−24は、40歳加入60歳払い・終身払い、50歳加入60歳払い・終身払い、60歳加入終身払いの払込保険料累計を時系列で表したものです。40歳加入よりも60歳で加入してよかったというケースは、72歳までにがんが見つかり保険料が払込免除になるのであれば、60歳で加入したのが正解であったといえます。

72歳の時点で、40歳で終身払いに加入した場合の保険料払込累計は207万4,248円で、60歳で加入した場合では204万9,528円にとどまり、60歳から72歳の間にがんが見つかるのであれば、払込免除が基本保障準備されているこの商品ではこんな結果にもなります（図表3−24）。

しかし、60歳まで保障が得られないことを考えれば、早いうちに加入しておいた方が賢明といえるでしょう。皆さんはがんに備えるためにどんな案内をされるのでしょうか。

第3章 ● 治療現場からがん保険を考える

図表3-24 保険料累計

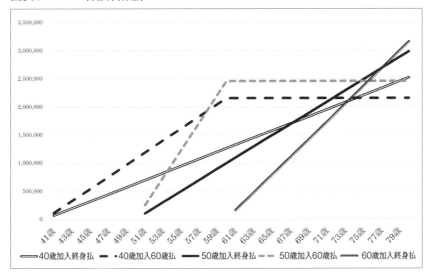

第4章

保険機能の
活用を考える

各保険商品の機能は、体況が変化したときに活用するというだけでなく、さまざまなシーンで効果が期待できます。皆さんはどんな場面で活用を考えますか。

1．解約の前にできること

生命保険を解約する理由のひとつに、法人契約で被保険者となっている従業員の退職があります。従業員の退職金の積立を目的に、長期平準定期保険に加入したにもかかわらず、保険加入後わずか2年で従業員が辞めてしまうことがありました。

加入後2年での解約では、払い込んだ保険料に対して解約金は55%程度しか戻りません。こんな場合には、皆さんはどんな提案ができますか。

「従業員の退職後も、ある程度の返戻率になるまでは解約せずに継続しましょう」「退職した従業員が被保険者となっている契約の保険料を損金算入するのは問題がありますが、全額資産で経理処理すれば問題はありません」。

このような提案をされている方もいるようですが、退職した従業員に保険をかけ続けることに問題はないでしょうか。

こんな場合でも、長期平準定期保険に加入していれば、保険期間の短縮が有効となります。

図表4－1のケースでは、99歳定期保険に33歳で加入し、その2年後に従業員が退職したのですが、可能な限り保険期間を短縮すると、何歳までの保険期間になるのかを保険会社に打診したところ、51歳までに短縮することが可能で、保険料は1万3,740円から3,070円になるとのこと

第4章 ● 保険機能の活用を考える

図表4-1　保険期間の短縮

33歳男性　長期平準定保険　99歳　保険金額1,000万円

月払保険料 13,740円
33歳　　　　　　　　　　　　　　　　　　　　　　　　　　　　　99歳

保険年度	年齢	保険金額	保険料累計	解約返戻金	返戻率
1	34歳	1,000万円	164,880円	14,000円	8.5%
2	35歳	1,000万円	329,760円	183,000円	55.5%
3	36歳	1,000万円	494,640円	342,000円	69.1%
4	37歳	1,000万円	659,520円	504,000円	76.4%
5	38歳	1,000万円	824,400円	667,000円	80.9%
6	39歳	1,000万円	989,280円	832,000円	84.1%
7	40歳	1,000万円	1,154,160円	999,000円	86.6%
8	41歳	1,000万円	1,319,040円	1,168,000円	88.5%
9	42歳	1,000万円	1,483,920円	1,338,000円	90.2%
10	43歳	1,000万円	1,648,800円	1,510,000円	91.6%

33歳男性　定期保険　51歳　保険金額1,000万円

月払保険料 3,070円
33歳　　　　　　　　　　　　　51歳

99歳定期保険→51歳定期保険に期間短縮　月払保険料 13,740円→3,070円
解約返戻金 183,000円→責任準備金の差額の払出しがなんと、268,000円
さらに期間短縮した51歳定期保険から解約返戻金があることも。

でした。そして、責任準備金の差額が26万8,000円払い出されたのでした。

　解約した場合の返戻金18万3,000円に対して、保険期間を短縮した場合は責任準備金の払出しが26万8,000円となったのです。

　なぜ、従業員の退職に伴って保険期間を短縮したのかというと、もちろん、契約者である法人に経済合理性があることと、加入の際に全従業

117

員に退職時には保険の現物受取りができると説明しており、退職時に名義変更して保険を渡す準備のためです。

　もちろん99歳定期保険のまま名義変更をすることも可能ですが、それでは従業員は保険の現物を受け取るだけで、退職金の現金での支給がほとんどないというケースもあります。さまざまな理由での退職に、なるべく保険料負担を減らしてから引き渡せるようにするためです。

　保険などいらないという従業員であれば、期間短縮したものを解約することになりますが、闘病の末に休職期間満了で退職するようなケースでは、安い保険料で保障を継続できることは、ありがたいのではないでしょうか。契約者変更をした後に、自分の望む保険期間に延長し調整してもらえばよいのです。

　保険会社からは、テクニカルなことはやめてほしいと難色を示されたこともありましたが、こんな理由を説明すれば理解してくれるのではないでしょうか。

　このように、いったん保険期間を短縮してから解約をすることで、お客様が受け取る金額を増やせるケースがあるのです。単純に解約をすれば55.5％であった返戻率が、契約後わずか2年でも81.3％となったのです。

　保険期間の短縮が可能な定期保険では、お客様からの解約の申し出に忠実に手続きをするだけではなく、保険期間を短縮した場合の責任準備金払出額と短縮後の保険料を確認し、保障を継続することが可能かどうかを模索することが、お客様を護ることにつながるのです。

2. 保険期間の短縮と変換（コンバージョン）

　リストラされた、子供が私立大学の医学部に合格した、健康保険の効

第4章 ● 保険機能の活用を考える

図表4－2　30歳加入80歳定期

30歳男性　定期保険　80歳　保険金額5,000万円（非喫煙・優良体料率）

月払保険料 37,100円

30歳　　　　40歳　　　　50歳　　　　60歳　　　　70歳　　　　80歳

保険年度	年齢	保険金額	保険料累計	解約返戻金	返戻率
1	31歳	5,000万円	445,200円	90,000円	20.2%
17	47歳	5,000万円	7,568,400円	6,259,500円	82.7%
18	48歳	5,000万円	8,013,600円	6,618,500円	82.6%
19	49歳	5,000万円	8,458,800円	6,973,000円	82.4%
20	50歳	5,000万円	8,904,000円	7,321,500円	82.2%
21	51歳	5,000万円	9,349,200円	7,663,000円	82.0%
22	52歳	5,000万円	9,794,400円	7,997,500円	81.7%

かない治療をすることになったなど、お客様が生命保険の解約金を活用してその場をしのがなければ、切り抜けられない状況に直面することもあるかもしれません。

　しかし、生命保険を解約してそれ以降の保障がいらないかというと、そんな状況だからこそ保障の必要性も高いということもあります。保障が必要でも、健康状態に不安があれば、現在の保険を解約してしまうと新たな保険に加入することが難しくなります。
　そんな場合に「変換」や「期間短縮」ができれば、健康状態を問わずに保障を継続しながら、手元資金を確保することが可能となります。

　そこで「変換」と「期間短縮」の双方が選択できる場合、どちらを選択するべきなのかについて考えてみます。

図表4-3　50歳加入の保険種類別月払保険料例

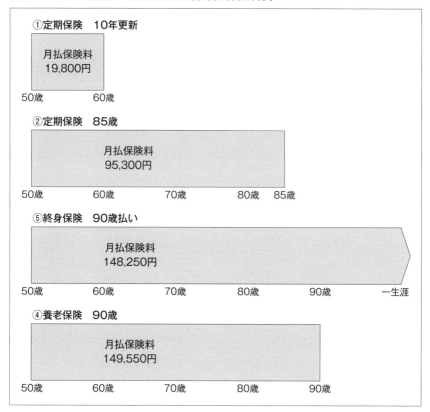

　例えば30歳のときから80歳定期保険に加入していて、50歳のときに資金需要があった場合に、この保険を解約すると732万1,500円の解約返戻金が得られます（図表4-2）。

〈解約・新契約〉

　解約後に50歳で10年定期保険に加入した場合、非喫煙・優良体料率が適用の例では、毎月の保険料は1万9,800円となります（図表4-3）。

〈変換〉

　健康状態に不安があり変換で新規加入する場合では、元の保険期間よりも長い保険期間の定期保険への変換に限られたり（85歳定期保険、

第4章 ● 保険機能の活用を考える

図表4-4 保険期間の短縮と変換①

30歳男性 定期保険 60歳 保険金額5,000万円（非喫煙・優良体料率）

月払保険料
10,950円

30歳　　　　40歳　　　　50歳　　　　60歳

保険年度	年齢	保険金額	保険料累計	解約返戻金	返戻率
1	31歳	5,000万円	131,400円	0	0.0%
17	47歳	5,000万円	2,233,800円	873,500万円	39.1%
18	48歳	5,000万円	2,365,200円	888,000万円	37.5%
19	49歳	5,000万円	2,496,600円	894,500万円	35.8%
20	50歳	5,000万円	2,628,000円	890,000万円	33.9%
21	51歳	5,000万円	2,759,400円	874,500万円	31.7%
22	52歳	5,000万円	2,890,800円	846,500万円	29.3%

9万5,300円）、終身保険（90歳払い、14万8,250円）や養老保険（90歳養老保険、14万9,550円）に限られる場合には、保険料が大幅に負担増となってしまいます。

〈保険期間の短縮〉

一方、80歳定期保険の保険期間を60歳までに期間短縮した場合の保険料は1万950円となります（図表4-4）。そして、支払われる責任準備金の差額は、643万1,500円程度となります（図表4-5）。（60歳定期保険の50歳時点での解約返戻金は89万円、80歳定期保険の50歳時点での解約返戻金は732万1,500円：732万1,500円－89万円＝643万1,500円）

保険期間短縮後の保険料は、80歳定期保険に加入した30歳時点に遡って60歳定期保険に加入した場合と同額の1万950円となります。一方、50歳で新規加入する非喫煙・優良体料率の10年間の定期保険の保険料は、

121

図表4−5　80歳定期を50歳で60歳定期に期間短縮

30歳男性　定期保険　80歳を50歳時点で期間短縮

| 月払保険料 37,100円 | 月払保険料 10,950円 |

30歳　　　40歳　　　50歳　　　60歳

80歳定期保険→60歳定期保険に期間短縮
月払保険料37,100円→10,950円
責任準備金の差額の予想額
7,321,500円−890,000円＝6,431,500円

図表4−6　保険期間の短縮と解約・新契約

・50歳で解約・新規契約の場合
　80歳定期　50歳時点の解約金　7,321,500円
　50歳加入　10年定期の保険料19,800円
　　　　　　　19,800円×12ヵ月×10年＝2,376,000円

・50歳で期間短縮　80歳→60歳の場合
　50歳時点の期間短縮で責任準備金の差額
　　　　　　　7,321,500円−890,000円＝6,431,500円
　60歳定期に変更後の保険料10,950円
　10年間の累計　10,950円×12ヵ月×10年＝1,314,000円

1万9,800円となります。

　仮に非喫煙・優良体料率で10年定期に加入できた場合と、期間短縮をして60歳定期保険に変更した場合を比較してみましょう。

　保険期間を短縮するよりも解約した方が、責任準備金の差額ではなく、解約金がまるまる払い出されるため、受け取れる金額は多くなります。しかし、10年定期保険に非喫煙・優良体料率で新規加入できたとしても、保険料は1万9,800円となり、保険期間を短縮した場合の保険料1万950

第4章 保険機能の活用を考える

図表4−7 50歳加入の保険種類別月払保険料（例）

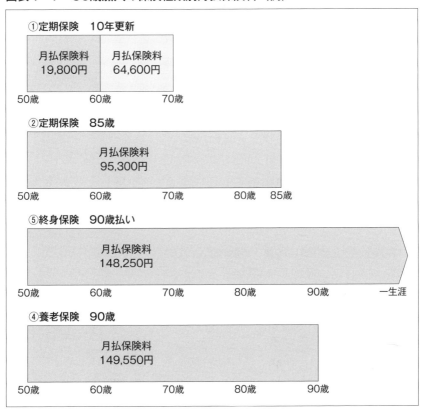

円よりも割高となります（図表4−6）。

　受け取れる解約返戻金や責任準備金から、10年間の払込保険料累計額を引いてみると、大きな差はないようです（終身保険や養老保険、長期間の定期保険への変換となると、劇的に保険料負担は増加する）。

　ところが、60歳以降も保障が必要だった場合を比べてみると、10年定期保険を60歳で更新すると保険料は6万4,600円となります（標準体料率で自動更新した場合、図表4−7）。

図表4-8　保険期間の短縮と変換②

30歳男性　定期保険　60歳　保険金額5,000万円

月払保険料 12,700円

30歳　　　　　　　　　　　　　　58歳 60歳

保険 年度	年齢	保険金額 （万円）	保険料 累計	解約 返戻金	返戻率
27	57歳	5,000	3,547,800	468,500	13.2%
28	58歳	5,000	3,679,200	336,000	9.1%
29	59歳	5,000	3,810,600	181,000	4.7%
30	60歳	5,000	3,942,000	0	0.0%

30歳男性　定期保険　70歳　保険金額5,000万円

月払保険料 19,200円

30歳　　　　　　　　　　　　　　58歳 60歳　　　　　70歳

保険 年度	年齢	保険金額 （万円）	保険料 累計	解約 返戻金	返戻率
27	57歳	5,000	6,220,800	3,186,500	51.2%
28	58歳	5,000	6,451,200	3,176,000	49.2%
29	59歳	5,000	6,681,600	3,144,500	47.1%
30	60歳	5,000	6,912,000	3,090,500	44.7%
31	61歳	5,000	7,142,400	3,010,500	42.1%

30歳男性　定期保険　70歳　保険金額5,000万円

月払保険料 12,700円	月払保険料 19,200円

30歳　　　　40歳　　　　50歳　　　58歳 60歳　　　　70歳

80歳定期から60歳定期に期間短縮したものを58歳で70歳に期間延長
月払保険料12,700円→19,800円
解約返戻金336,000円－3,176,000円＝▲2,840,000円
責任準備金の差額　280万円程度の払込みが必要

第4章 ● 保険機能の活用を考える

図表4-9　70歳までの保障を必要としたら

```
・60歳で更新
 80歳定期　50歳時点の解約金　　　　　　　 7,321,500円
 50歳加入　10年定期の保険料19,800円
         19,800円×12ヵ月×10年＝2,376,000円
 60歳で更新10年
         64,600円×12ヵ月×10年＝7,752,000円
```

```
・58歳で再延長
 50歳時点の期間短縮で責任準備金の差額　　　6,431,500円
 60歳定期に変更後の保険料10,950円
         10,950円×12ヵ月×8年＝1,051,200円
 58歳時点で70歳に期間延長
         19,200円×12ヵ月×12年＝2,764,800円
 責任準備金の差額
         336,000円－3,176,000円＝▲2,840,000円
```

　一方、80歳定期保険を60歳に保険期間を短縮したものを、58歳で保険期間を延長して70歳定期保険に変更して保障を継続すると、今度は責任準備金の差額280万円程度を払い込む必要がありますが、保険料は1万9,200円となり60歳で更新した保険料6万4,600円の約3分の1で済みました（図表4-8、図表4-9）。

　今後も保障は必要という状況で、生命保険から手元資金を引き出す場合は、その後の保険料を考慮すると、変換や解約して新規加入するよりも保険期間を短縮した方が合理的と言えそうです。

　しかし、保険期間の再延長に際しては284万円もの責任準備金の差額の清算が必要となります。これを負担できないなら、その時点で変換することで保障を継続することも可能となります。

　定期保険の期間短縮と変換は、その目的や健康状態などに応じ、十分

125

なコンサルティングのうえで使い分ける必要があります。

3．本当の福利厚生保険とは

　従業員の退職金と、万一の保障を準備するために、生命保険を使って積立をする企業も多いようです。利用する保険の種類は、返戻率が高く保険料が損金算入できるものが好まれています。

　これまで、一般的に利用されることが多かったのは養老保険です。従業員全員に普遍的加入をすることで、保険料の半額が福利厚生費として処理が可能となります。

　本来資産計上となる貯蓄型の保険である養老保険の保険料を、福利厚生費として計上できることが、福利厚生保険と呼ばれるゆえんです（図表4−10）。

　しかし、従業員の福利厚生の観点から考えるのであれば、養老保険では荷が重いように感じます。企業にとっても、従業員にとっても本当に価値のある保険とはどんなものなのでしょうか。

　養老保険はご存じのとおり、死亡保険金と満期保険金が同額の貯蓄型の保険です。大きな保障額を準備しようとした場合には、企業の保険料負担が大きくなります。同じ保険料負担で、長期平準定期保険や終身保険に加入すれば、より大きな保障を得ることが可能となります。

　例えば、25歳男性の保険料の一例では、60歳満期の保険金額1,000万円の養老保険に加入する場合、毎月の保険料は2万5,630円となりました。一方で、この保険料と同程度で100歳定期保険に加入した場合、毎月の保険料は2万5,565円で保険金額は1,830万円となります（図表4−11）。

第4章 ● 保険機能の活用を考える

図表4-10　福利厚生保険の仕組み

	（資産の増加）		（資産の減少）
保険料積立金	150,000	現預金	300,000
	（費用の発生）		
福利厚生費	150,000		

図表4-11　25歳男性　退職金積立1,000万円月払保険料例

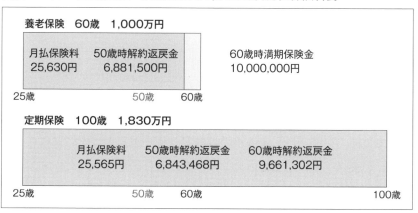

　この2つの保険の特徴は、養老保険は満期日が決まっているため、今後、退職年齢が延長されたとしても変更が困難です。満期金を受け取らずに据え置ける保険会社もありますが、満期時点で雑収入の計上が必要となり、退職金と相殺することができません。

　60歳で退職金をいったん支払う企業もあるかもしれませんが、その後の保障の確保が問題となります。保険期間の延長ができる養老保険なら、満期日の調整はできるかもしれませんが、保険期間の延長の規定では、残余期間が2年以上必要とされるなど、従業員と事前のすり合わせが必要となります。

また、養老保険では保険期間を延長すると責任準備金の差額が払い出されます。退職金原資の積立を目的に加入しているのですから、この点、使い勝手が良いとは言えないうえ、歳満了の契約は延長できなかったり、保険期間が30年超となる延長はできない保険会社もあるようです。

　一方、100歳定期保険では、養老保険と同程度の保険料で保険金額1,830万円での契約が可能となります。100歳定期保険であれば、65歳や70歳までなら解約返戻金のピークも維持でき、今後の退職年齢の延長にも対応しやすいのではないかと思われます。

　従業員にとってありがたい福利厚生制度（万一の保障の準備）とはどういうものか考えてみましょう。在職中に万一亡くなったなど、家族にとって最悪の事態には、家族が受け取れる死亡保険金（死亡退職金・弔慰金）の額は、多ければ多いほど残された家族の生活を支えることが可能となります。

　弔慰金規定と死亡保険金との差額を企業が受け取るのには問題もあるかもしれませんが、生命保険加入規定や弔慰金規定を整備して、特別弔慰金として死亡保険金の全額を従業員の家族が受け取れるようにすれば、このうえない福利厚生制度と言えるのではないでしょうか。

〈従業員が私傷病で休職した場合〉

　次に、働き盛りに病気になり休職可能期間が満了になっても復帰できずに、退職を余儀なくされた場合を考えてみましょう。

　図表4－12は筆者が就業規則見直しのお手伝いをした企業で、社会保険労務士が提出したひな形ですが、勤続10年以上でもわずか4ヵ月の休職で復職できなければ退職と規定されているのに驚きました。

　企業によって期間に差はあるでしょうが、ひな形として提案される就

第4章 ● 保険機能の活用を考える

図表4－12　就業規則の一部（休職に関する規定）

第3節　異動、休職

第27条（休　職）

　従業員が次の各号の一に該当した場合は休職を命じます。

①業務外の傷病により欠勤が1ヵ月以上にわたる場合（私傷病休職）

②自己都合欠勤（届け出済）が引き続き1ヵ月以上にわたり、会社が許可した場合。なお、会社が休職を許可しない場合には直ちに退職とします。

③前各号のほか、特別の事情があって休職させることを会社が必要と認めた場合

第28条（休職期間）

1.　休職期間は次の各号のとおりとします。

　　①前条第1号に該当するとき

　　　なお、休職期間は欠勤の初日より起算するものとします。

　　　1）勤続1年未満の者　　　　　　1ヵ月

　　　2）勤続1年以上3未満の者　　　2ヵ月

　　　3）勤続3年以上10未満の者　　3ヵ月

　　　4）勤続10年以上の者　　　　　4ヵ月

　　②前条第2号および第3号までに該当するときは、会社が必要と認める期間

2.　前項第1号の期間は、会社が必要と認めた場合にこれを更新することがあります。

（中略）

第31条（復　職）

1.　休職の事由が消滅したときは、旧職務に復職させることとします。

　　ただし、やむを得ない事情のある場合には、旧職務と異なる職務に配置することがあります。

　　なお、私傷病休職者の復職については、会社の指定する医師の診断意見を参考にして会社が決定します。

2.　休職期間を満了しても復職できないときは退職とします。

129

図表4－13　退職金支給料率表の例

勤続年数	A率 会社都合	B率 自己都合	自己都合割合
0	0.0	0.0	0%
1	0.0	0.0	0%
2	0.0	0.0	0%
3	0.0	0.0	0%
4	0.0	0.0	0%
5	5.0	2.5	50%
6	6.0	3.0	50%
7	7.0	3.5	50%
8	8.0	4.0	50%
9	9.0	4.5	50%
10	10.0	6.0	60%
11	11.0	6.6	60%
12	12.0	7.2	60%
13	13.0	7.8	60%
14	14.0	8.4	60%
15	15.0	10.5	70%

勤続年数	A率 会社都合	B率 自己都合	自己都合割合
16	16.0	11.2	70%
17	17.0	11.9	70%
18	18.0	12.6	70%
19	19.0	13.3	70%
20	20.0	16.0	80%
21	21.0	16.8	80%
22	22.0	17.6	80%
23	23.0	18.4	80%
24	24.0	19.2	80%
25	25.0	22.5	90%
26	26.0	23.4	90%
27	27.0	24.3	90%
28	28.0	25.2	90%
29	29.0	26.1	90%
30以上	30.0	27.0	90%

50～54歳の平均年収	558.0万円
50～54歳の平均給与	34.9万円
50～54歳の手取り	31.0万円

業規則であることを考えれば、同様に規定されている企業も多いのではないでしょうか。皆さんのお客様の就業規則を確認してみてください。

　また、退職勧告を受けなくても、がんに罹患したような場合、闘病期間中に自ら離職してしまう方も多くいるようです。そんな状況では、企業がどんな保険を準備してくれていたなら、従業員とその家族は救われるのでしょうか。

第4章 ● 保険機能の活用を考える

〈養老保険では保険の現物受取りは絵に描いた餅？〉

　法人契約の保険では、被保険者が役員でも従業員でも「保険証券の現物受取り」ができるとよく案内されています。病気を患い退職を強いられたときに、会社で加入していた生命保険を引き継ぎ、個人の生命保険として継続することができるのは、とてもありがたいことです。

　しかし、仮に従業員が50歳でがんに罹患し退職するような場合を考えてみましょう。

　入社3年の25歳のときに1,000万円の養老保険に加入していた場合、50歳時点での解約返戻金は約688万円となります。一方、50歳の平均給与は35万円程度です。そして、ひな形の退職金規定では自己都合退職の係数は22.5とされています（業務上の傷病により、業務に耐えられないと会社が認めたときには会社都合退職とされているが、私傷病の場合は自己都合退職扱いとなる）（図表4－13）。

　この条件で計算すると、自己都合での退職金は「月額給与35万円×22.5（勤続25年・自己都合）＝787.5万円」となります。50歳男性の退職金が約787万円なら、養老保険（解約返戻金688万円）を現物で受け取れば、現金で支給される退職金は100万円程度になります。基本給だけで計算され職務手当などは算定されない退職金規定であれば、現金退職金はまったく受け取れないかもしれません。

　また、保険を現物で受け取り保障を確保するということは、重い病気を患い仕事を失うなかで、毎月2万5,630円の保険料を払い続けることが必要となります。これで確保できる保険金額は1,000万円ですから、解約返戻金との差額の213万円の保障を得るために、毎月2万5,630円を払い続けることになります。

131

保障の必要はあっても、保障効果の低い保険に２万5,630円もの保険料負担を強いられるのです。長期間の闘病生活で貯蓄も枯渇しているかもしれない状況で、現金での退職金は削減され保険料負担も強いられるのです。これでは、養老保険の現物受取りなど絵に描いた餅ではないでしょうか。

〈お客様を護る長期平準定期保険の現物受取り〉
　長期平準定期保険で退職金積立をする場合は、養老保険に加入した場合の保険料負担相当額であれば、25歳男性の場合では保険金額は1,830万円となります。万一従業員が亡くなった場合には、養老保険に加入していた場合よりも、1.8倍の死亡退職金原資が得られるのです（**図表４－14**）。

　また、同様に従業員が50歳でがんに罹患し退職するような場合を考えてみましょう。
　長期平準定期保険に加入していた場合は、50歳時点での解約返戻金は約684万円となります。50歳男性の退職金が約787万円とすれば、100歳定期保険を現物で受け取れば、養老保険と同様、現金で支給される退職金は100万円程度になります。
　毎月２万5,565円の保険料を払い続ければ、1,830万円の保障が得られるので、養老保険では312万円の保障効果（保険金額と解約返戻金の差額）でしたが、100歳定期保険であれば、1,146万円もの保障効果となります。

　さらに、保険期間の短縮が可能であれば、保険期間を60歳までに短縮すると、責任準備金の差額643万円（100歳定期保険の50歳時点での解約返戻金684万3,468円－41万3,031円＝60歳定期保険の50歳時点での解約返戻金）程度が、法人に払い出されると思われます。

第4章 ● 保険機能の活用を考える

図表4-14　25歳男性の退職金積立1,000万円月払保険料の例

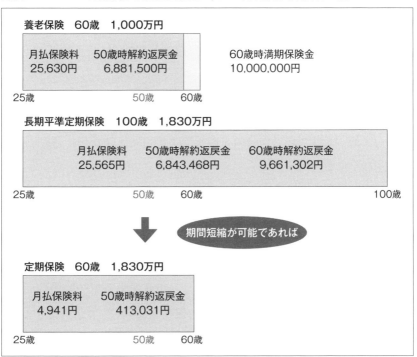

　法人に退職金原資が払い込まれる一方で、従業員は退職金から控除されるのは、60歳定期保険の解約金相当額の41万3,031円となり、35万円×22.5＝787.5万円－41万円となり、746万円程度を現金の退職金で受け取ることが可能となります。

　さらに保険料も60歳までの保険期間に短縮すると、保険料は4,941円に引き下げられます。毎月4,941円で1,830万円の保障を引き継ぐことが可能となるのです。

　養老保険では、現金で支給される退職金は100万円程度で、仕事を失うなかで、毎月25,630円もの保険料を払い続け、得られる保険金額は1,000万円となり、解約返戻金との差額312万円の保障効果にとどまりま

す。

　長期平準定期保険であれば、現金で支給される退職金は746万円、その後の毎月の保険料は4,941円で、保険金額は1,830万円。保障効果は、約1,789万円（1,830万円－41万3,031円）得られるのです。どちらが、従業員にとって福利厚生保険と言えるのでしょうか。

　法人にとっては、養老保険の方が長期平準定期保険よりも満期時の返戻率が高く退職金の積立効果が高い傾向にあります。特に中高年の従業員が新規で加入する場合は、その傾向が強くなります。また、万一払済みにしなくてはならない場合でも、養老保険であればその時点で雑収入の経理処理が不要など、使い勝手の良い面もあります。

　経営判断で養老保険を選択するのなら、満期保険金を年金で受け取ることができ、無診査で更新が可能な養老保険を選択してもよいでしょう。このタイプであれば、業績の好調なタイミングに短期間の養老保険で退職金を積み立て終えることも可能です。満期金は10年分割で受け取り、それを更新後の保険料に充当していけばよいのです。

　従業員の退職金積立を提案する場合には、労災の上乗せ補償、退職金の積立効率、従業員の福利厚生のどれに主眼を置くのかなど、十分な意向確認が必要となります。

4．保険料の払込免除特約は必要か

　保険料払込免除特約の要件は、各保険会社が競って緩和・拡大傾向にあり、当該商品のセールスポイントになりつつあります。保険料払込免除は、何を保障しているかというと、それは「保険料」です。つまり、

第4章 ● 保険機能の活用を考える

保険料に保険をかけているのです。

　上手な保険との付き合い方は、抱えられないリスクは保険に転嫁するとともに、抱えられるリスクは自ら背負うことで、何でもかんでも保険に頼らないことだと言えます。
　そこで、万一の場合の保険料の支払いは、抱えられない大きな負担となるのか。また、果たして「保険料払込免除特約」の効果とはどんなものなのかを考えてみましょう。

　保険料払込免除特約の保障効果は、新たに保険に加入した時点が最大の保障額で、保険料の総払込額が保障されます。そして、保険料の払込期間が満了に近づくにつれて保障が小さくなる逓減定期保険と言えます。
　しかし、保障額が大きな時点で、保険料払込免除となるトリガーイベントが起こっても、その効果を満額享受できるわけではありません。

　1年間の闘病期間で亡くなってしまえば、保険料払込期間の残りの保険料すべてが免除されたのではなく、1年分の保険料が免除されただけに過ぎません。長期間の闘病生活を経て亡くなるようなケースでなければ、保険料払込免除特約の効果は十分には発揮されないのです。
　そうなると、収入保障保険や逓減定期保険といった、保障額が減少するタイプの保険に保険料払込免除特約を付けることには疑問が残ります。

　万一重篤な病気に罹った場合、わずかな保険料負担がなくなることより、大きな保障額の減少を食い止める方が経済効果は高いといえます。保障の減少を食い止めるには、収入保障保険や逓減定期保険を定期保険や終身保険へ変換することになります。しかし、保険料が払込免除となると、もう変換することはできないのです。

135

ですから、病気を患っても短期間の治療で仕事に復帰できた場合は、保険料が払込免除にならなくても困ることはありません。また、罹患後短期間で亡くなってしまうような場合は、保険料払込免除の効果は限定的です。

　また、長期間の闘病の末に治療の甲斐なく亡くなったようなケースでは、保険料の払込免除などを選択するよりも、無診査・無告知で変換が可能な保険会社であれば、保障額の減少を食い止める方が経済効果は高いと言えます。

　保険料払込免除特約の付いた収入保障保険であれば、変換後の定期保険や終身保険に保険料払込免除特約を付けられるのなら、その効果は期待できるのですが、そこは次のようなガードがかかっています。

　元の保険商品に保険料払込免除特約が付けられていても、変換先の契約には付けられない。または、「新たなご契約の責任開始日以前に生じていた病気やケガにより、高度障害保険金等のお支払事由や保険料のお払込みを免除する事由が生じた場合、保険金等のお支払いや保険料のお払込みの免除はできません」などです。

　貯蓄を兼ねて必要な保障を終身保険で用意するといった場合では、掛け捨てにならない反面、保険料は高額となります。闘病中に保険料が払えず保険が失効してしまうことは最も避けなければなりません。自動振替貸付で保障が継続できたとしても、受け取れる保険金は目減りしてしまいます。

　終身保険の場合も収入保障保険と同様、病気を患っても短期間の治療で仕事に復帰できた場合は、保険料払込免除にならなくても困ることは

第4章 ● 保険機能の活用を考える

ありません。自動振替貸付でもその場をしのぐことが可能です。また、罹患後短期間で亡くなったような場合は、保険料払込免除の効果は限定的です。

しかし、長期間の闘病の末に治療の甲斐なく亡くなったようなケースでは、保険料払込免除の必要性を感じることができますが、延長保険に変更することが可能な終身保険であれば、保険料払込免除特約が付いていなくても、保険料を払うことなく一定期間の保障を継続することが可能です。

例えば、30歳で加入した終身保険の保険料を40歳のときに払込みを中止しても、29年4ヵ月間、69歳まで保障は継続することができ、払込免除の必要性を感じません（図表4－15、図表4－16）。

しかし、「まったく働けない状態になったが命に別状はない」「脳血管系の疾病で、職業制限を受ける後遺症が残ったが、長生きはするかもしれない」という状態なら、老後に向けた貯蓄も予定通りできなくなり、終身保険の解約金で老後の生活を支えることになるかもしれません。こんなケースに対しては、終身保険の払込免除特約は必要と言えます。

また、延長保険への変更ができない終身保険では、その必要性も高まると思われます。

図表4-15　契約例①

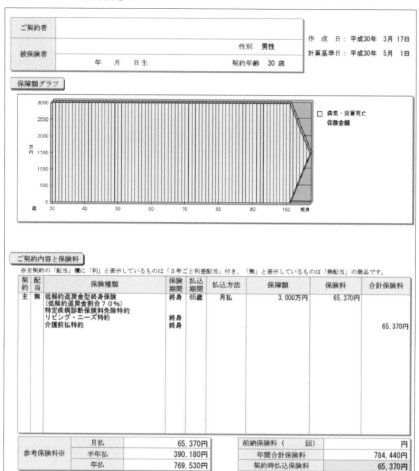

第4章 ● 保険機能の活用を考える

図表4-16　契約例②

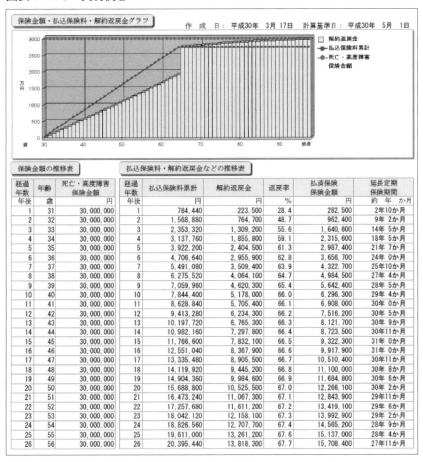

図表4-17　契約例③

保険金額の推移表			払込保険料・解約返戻金などの推移表					作成日：平成30年 3月17日 計算基準日：平成30年 5月 1日
経過 年数	年齢	死亡・高度障害 保険金額	経過 年数	払込保険料累計	解約返戻金	返戻率	払済保険 保険金額	延長定期 保険期間
年後	歳	円	年後	円	円	%	円	約 年 か月
27	57	30,000,000	27	21,179,880	14,379,900	67.8	16,280,500	27年 5か月
28	58	30,000,000	28	21,964,320	14,947,500	68.0	16,854,600	27年 0か月
29	59	30,000,000	29	22,748,760	15,519,300	68.2	17,428,800	26年 6か月
30	60	30,000,000	30	23,533,200	16,097,400	68.4	18,006,100	26年 1か月
31	61	30,000,000	31	24,317,640	16,683,300	68.6	18,587,600	25年 7か月
32	62	30,000,000	32	25,102,080	17,278,500	68.8	19,175,200	25年 1か月
33	63	30,000,000	33	25,886,520	17,886,000	69.0	19,771,900	24年 8か月
34	64	30,000,000	34	26,670,960	18,506,400	69.3	20,378,900	24年 2か月
35	65	30,000,000	35	27,455,400	19,142,400	69.7	＝＝＝＝＝	――――――
36	66	30,000,000	36	27,455,400	27,450,900	99.9	＝＝＝＝＝	――――――
37	67	30,000,000	37	27,455,400	27,554,100	100.3	＝＝＝＝＝	――――――
38	68	30,000,000	38	27,455,400	27,657,600	100.7	＝＝＝＝＝	――――――
39	69	30,000,000	39	27,455,400	27,760,500	101.1	＝＝＝＝＝	――――――
40	70	30,000,000	40	27,455,400	27,862,500	101.4	＝＝＝＝＝	――――――
41	71	30,000,000	41	27,455,400	27,964,200	101.8	＝＝＝＝＝	――――――
42	72	30,000,000	42	27,455,400	28,064,700	102.2	＝＝＝＝＝	――――――
43	73	30,000,000	43	27,455,400	28,163,700	102.5	＝＝＝＝＝	――――――
44	74	30,000,000	44	27,455,400	28,260,900	102.9	＝＝＝＝＝	――――――
45	75	30,000,000	45	27,455,400	28,356,300	103.2	＝＝＝＝＝	――――――
46	76	30,000,000	46	27,455,400	28,449,600	103.6	＝＝＝＝＝	――――――
47	77	30,000,000	47	27,455,400	28,541,400	103.9	＝＝＝＝＝	――――――
48	78	30,000,000	48	27,455,400	28,629,000	104.2	＝＝＝＝＝	――――――
49	79	30,000,000	49	27,455,400	28,714,200	104.5	＝＝＝＝＝	――――――
50	80	30,000,000	50	27,455,400	28,795,500	104.8	＝＝＝＝＝	――――――
51	81	30,000,000	51	27,455,400	28,873,800	105.1	＝＝＝＝＝	――――――
52	82	30,000,000	52	27,455,400	28,948,800	105.4	＝＝＝＝＝	――――――
53	83	30,000,000	53	27,455,400	29,020,500	105.7	＝＝＝＝＝	――――――
54	84	30,000,000	54	27,455,400	29,088,000	105.9	＝＝＝＝＝	――――――
55	85	30,000,000	55	27,455,400	29,151,600	106.1	＝＝＝＝＝	――――――
56	86	30,000,000	56	27,455,400	29,212,200	106.3	＝＝＝＝＝	――――――
57	87	30,000,000	57	27,455,400	29,270,400	106.6	＝＝＝＝＝	――――――
58	88	30,000,000	58	27,455,400	29,324,100	106.8	＝＝＝＝＝	――――――
59	89	30,000,000	59	27,455,400	29,374,800	106.9	＝＝＝＝＝	――――――
60	90	30,000,000	60	27,455,400	29,422,500	107.1	＝＝＝＝＝	――――――
61	91	30,000,000	61	27,455,400	29,466,600	107.3	＝＝＝＝＝	――――――
62	92	30,000,000	62	27,455,400	29,509,500	107.4	＝＝＝＝＝	――――――
63	93	30,000,000	63	27,455,400	29,548,800	107.6	＝＝＝＝＝	――――――
64	94	30,000,000	64	27,455,400	29,586,000	107.7	＝＝＝＝＝	――――――
65	95	30,000,000	65	27,455,400	29,620,200	107.8	＝＝＝＝＝	――――――
66	96	30,000,000	66	27,455,400	29,651,400	107.9	＝＝＝＝＝	――――――
67	97	30,000,000	67	27,455,400	29,680,800	108.1	＝＝＝＝＝	――――――
68	98	30,000,000	68	27,455,400	29,708,100	108.2	＝＝＝＝＝	――――――

第４章 ● 保険機能の活用を考える

5．終身保険の保険料払込免除特約

　終身保険の保険料払込免除特約のなかには、ぜひ付帯しておきたい保険会社の商品もあります。

　一般的な保険料払込免除特約では、払込免除に該当した場合、保険料を払わずに保険料を払っているものと同様に保険契約が存続します。しかし、ひまわり生命やマニュライフ生命の低解約終身保険に付帯する保険料払込免除特約では、三大疾病により払込免除に該当すると、保険料を全納したのと同じようになります。

　加入からわずかな期間でも、この払込免除に該当すると、解約返戻金が大幅に跳ね上がります（**図表４-18**）。

　例えば、30歳で加入した保険金額3,000万円、65歳払いの終身保険に加入し、加入後５年で三大疾病によって払込免除になると、払込保険料総額は392万2,200円に対して、通常の解約返戻金は240万4,500円にもかかわらず、2,414万5,800円に跳ね上がるのです。

　保険料払込免除となった契約でも、解約返戻金から契約者貸付を受けることが可能なのです。この払込免除特約であれば、がん診断給付金や三大疾病保険の側面も持ち合わせているのです。

　これほど高額な三大疾病診断給付金を準備しながら、何事もなく払込期間満了となった場合には、高い返戻率となる終身保険なのです。保険料を掛け捨てすることなく、高額の診断給付金が準備できるのです（**図表４-17**）。この保険料払込免除特約であれば、死亡保障を準備しながら、三大疾病給付金として対応も可能で、将来は年金として受け取ることも可能となり、お客様のさまざまなシーンに対応が可能となります。

141

図表4-18 保険料払込免除後の解約返戻金の違いについて

保険料払込免除後の解約返戻金の違いについて　　　契約概要＆設計書

「三大疾病により所定の事由に該当された場合(特定疾病診断保険料免除特約)」と「不慮の事故が原因で所定の身体障害状態になられた場合」では、以後の解約返戻金の推移が異なります。

上記に該当された場合のイメージ図

(A) 三大疾病により所定の事由に該当した場合

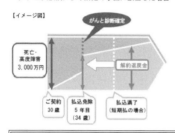

所定の事由に該当したとき、以後の保険料の全額が一時に払込みされたものとしてお取扱いします。

(B) 不慮の事故が原因で所定の身体障害状態になった場合

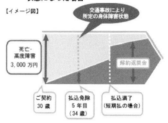

所定の事由に該当した後も引き続き保険料の払込みがあるものとしてお取扱いします。

保険料払込免除後の解約返戻金比較

ご契約年齢：30歳　　保険金額：3,000万円　　性別：男性

作成日：平成30年 3月17日　　計算基準日：平成30年 5月 1日

事由発生時の保険年度	年齢 ※1	(A) ※2	(B) ※2	事由発生時の保険年度	年齢 ※1	(A) ※2	(B) ※2
1	30歳	23,735,400円	223,500円	26	55歳	26,389,500円	13,818,300円
2	31歳	23,837,400円	764,700円	27	56歳	26,497,200円	14,379,900円
3	32歳	23,939,400円	1,309,200円	28	57歳	26,604,900円	14,947,500円
4	33歳	24,042,300円	1,855,800円	29	58歳	26,712,300円	15,519,300円
5	34歳	24,145,800円	2,404,500円	30	59歳	26,819,100円	16,097,400円
6	35歳	24,250,200円	2,955,900円	31	60歳	26,925,600円	16,683,300円
7	36歳	24,354,900円	3,509,400円	32	61歳	27,031,500円	17,278,500円
8	37歳	24,459,300円	4,064,100円	33	62歳	27,137,100円	17,886,000円
9	38歳	24,564,600円	4,620,300円	34	63歳	27,242,100円	18,506,400円
10	39歳	24,670,500円	5,178,000円	35	64歳	27,346,200円	19,142,400円
11	40歳	24,776,400円	5,705,400円	36	65歳	27,450,900円	27,450,900円
12	41歳	24,882,600円	6,234,300円	37	66歳	27,554,100円	27,554,100円
13	42歳	24,989,100円	6,765,300円	38	67歳	27,657,600円	27,657,600円
14	43歳	25,096,200円	7,297,800円	39	68歳	27,760,500円	27,760,500円
15	44歳	25,203,300円	7,832,100円	40	69歳	27,862,500円	27,862,500円
16	45歳	25,311,000円	8,367,900円	41	70歳	27,964,200円	27,964,200円
17	46歳	25,418,400円	8,905,500円	42	71歳	28,064,700円	28,064,700円
18	47歳	25,526,400円	9,445,200円	43	72歳	28,163,700円	28,163,700円
19	48歳	25,633,800円	9,984,600円	44	73歳	28,260,900円	28,260,900円
20	49歳	25,742,100円	10,525,500円	45	74歳	28,356,300円	28,356,300円
21	50歳	25,849,800円	11,067,300円	46	75歳	28,449,600円	28,449,600円
22	51歳	25,957,500円	11,611,200円	47	76歳	28,541,400円	28,541,400円
23	52歳	26,065,200円	12,158,100円	48	77歳	28,629,000円	28,629,000円
24	53歳	26,173,200円	12,707,700円	49	78歳	28,714,200円	28,714,200円
25	54歳	26,281,200円	13,261,200円	50	79歳	28,795,500円	28,795,500円

※1 上記の年齢は契約年齢または年単位の契約応当日の年齢です。
※2 上記数値は各保険年度の期末における数値を表示しています。

終章

保険金支払時の
コンサルティング

保険商品の機能を活用してお客様を護るということだけでなく、保険金の受取方法についてのアドバイスも重要と言えます。お客様の事情にどこまで立ち入るかは難しいところですが、保険金が払われるシーンでは、さまざまなサポートが必要です。

　生命保険を提案する前には、万一のキャッシュフローを分析し、必要保障額を算出していると思いますが、まさに保険金が払われるときにこそ、今後のキャッシュフローを分析して状況に応じた保険金の受け取り方をアドバイスするべきでしょう。

１．保険金の受取方法＝分割・据え置き

　一般のサラリーマン家庭で、何千万円もの大金を目にするのは、退職金を受け取るときくらいです。大金を目の前にして、上手に管理して使うことは体験したことがないため、大変難しいと言われます。

　また、退職金に限らず保険金を一括で受け取るときも同じです。この場合、保険金を一括で受け取って普通預金に預けておくなら、保険会社に預けておいた方が利回りも高いのではないでしょうか。

　保険会社によっては、収入保障保険でなくても死亡保険金を分割で受け取ることができます。また、一つの保険証券で一時金受取り、10年受取り、20年受取りなど複数の受取方法を指定することも可能です。

　葬儀費用等を一時金で、子供の学費を10年分割で、配偶者の生活費を20年分割で受け取るなど、万一のキャッシュフローに応じて受取方法を指定できれば、大切に計画的に保険金を使っていくことも容易となるのではないでしょうか。

　分割受取りができない場合は、当面必要のない部分について配偶者を

被保険者とした一時払い商品に再投入し、分割で受け取ることを提案することもできます。

2．保険金の受取方法＝隠す・守る

　また、運用効率や管理面だけではなく、保険金を隠す・守ることを目的としたアドバイスが必要となることもあります。

　死亡保険金が払われたという噂を聞きつけ「子供が心臓の手術をする」「夫がリストラされた」「がんが見つかった」「取引先の手形が不渡りに」など、さまざまな理由で何年も会っていない友人や親せきから、お金を無心されることがあるようです。

　それは、だまし取ろうとしているのではなく、本当に困って助けを求めてくるのです。そんな連絡に心を痛めて断るのは辛いことです。しかしこれに応じてしまえば、残された家族のために加入していた保険で、家族の生活を護れないことになります。

　預金通帳に当面の生活を立て直す程度の保険金しか振り込まれていなければ、お金を無心されたとしても応じられず、心を痛めずに済むのではないでしょうか。夫を亡くし冷静さを失っている配偶者には、そんなサポートも必要となります。

　分割受取りを選んでも、残額の一括受取りを後で選択することもできるので、保険金をいったん棚上げにするのも、お客様と寄り添うコンサルタントとして必要な提案ではないでしょうか（分割受取りを選択後すぐに残額を一括で受け取る場合、初めから一括で受け取った場合より受取額が目減りすることがあるので、事前に試算してから提案することが必要です）。

３．お客様の意向とアドバイス

　生命保険は誰から加入しても保険料は同じです。しかし、誰から加入するかで得られる効果が大きく異なります。状況に応じた保険の機能をフル活用することで得られる効果が異なることは、ここまでで説明した通りです。保険募集人から有効なアドバイスを受けられないのなら、お客様は通信販売の保険に加入しているのと何ら変わりありません。

　また、お客様の意向に沿った提案が強く求められる時代です。しかし、お客様の意向に沿うだけでよいのかは疑問です。本来、保険は抱えられない大きなリスクを転嫁するものにもかかわらず、お客様はささいなことでも給付を受けられる、もらいやすい保険が良い保険と思う傾向が強いからです。

　医療保険についても、お客様の意向に沿った商品が開発され、日帰り入院から給付が受けられたり、１泊の入院でも10日分の給付金が得られるなどの商品が登場しています。一方、１年を超えるような長期入院となってしまった場合には、医療保険がより必要とされるのですが、めったにない長期入院という大きなリスクに対応できる商品は姿を消しつつあり、１入院60日限度が主流となっているのです。

　生命保険は加入するのが目的ではなく、万一のときに役立てるために加入するのです。抱えられない大きなリスクに備え、万一の場合に保険の効果を最大限に発揮させるためには、商品選択と保全機能のコンサルティングの双方がとても重要となります。

おわりに

　本書で紹介した活用法が有効となるのは、限られたケースなのかもしれません。しかし、お客様がワラをもつかむ状態となったときに、さまざまな思いで貴重なお金を投じて継続してきた生命保険の効果を最大限に発揮させるのが、私たち保険コンサルタントの役割なのです。

　乗合代理店が解禁となって20年が経ち、複数の保険商品を一度に比較検討できることも社会に認知されてきました。また、保険商品のランク付けをする書籍の発刊や、週刊誌でも保険商品を比較するような企画が掲載されています。

　しかし、推奨理由やそれらのランク付けは、保険料の安さや解約金の返戻率の高さが大きなポイントとなっていることが多いようです。乗合代理店の募集人の方は、もっと保全機能をポイントにした比較推奨を行ってもよいのではないかと思います。お客様に価値ある保険商品を選別し推奨することができるのは私たちだけなのです。

　私たちが価値ある保険商品を選別し、お客様にご案内し続けることで、各保険会社の保全機能が、お客様をより救済できるものに変わっていくことを願います。

　本書の執筆にあたっては、各保険会社にアンケートを実施させていただきました。これまで、積極的には公開されていないような取扱規定に関してもご回答をいただきました広報担当の皆様に、この場を借りてお礼申し上げます。

　本書が、お客様を護る保険の活用法をアドバイスできる保険コンサルタントを、一人でも多く輩出できるようお役に立てれば幸いです。

最後に、ここまでお読みいただきありがとうございます。筆者は保険代理店様への教育研修も承りますので、お声がけいただければ幸いです（https://matsuki-fp.com）。

各保険会社の商品性の一覧表は、誌面の都合上項目を絞り込んで作成いたしましたが、詳細版と保全ツールをセットした「ほぜんの絵本」（仮題）の発刊を予定しております。完成の暁には、ぜひご活用いただければと思います。

2019年　5月

筆者

各生命保険会社の保険商品の保全機能に関するアンケート

▼アンケート掲載にあたって

　本書の出版に際しまして、各保険会社に保険商品ごとの保全ルールについてのアンケートをお願いしました。残念ながらご回答いただけなかった保険会社もありますが、多くの保険会社にご協力いただけました。

　保険税務の改正で保険本来の目的に立ち返り、保障で案内するべきであると言われています。しかし、保障目的で加入するといっても、生命保険は長期間にわたる契約です。長い年月の間には、予想したライフプランと大きく異なる状況となることもあるでしょう。そのために、ライフステージの節目では生命保険を見直す必要があると言われています。

　しかし、最も保険を見直す必然性があるのが、大病をしてしまった、リストラされて収入曲線が変わってしまった、などの一大事のときではないでしょうか。

　生命保険の見直しとは「解約」「新契約」や「追加加入」だけではありません。ですが、その文化はまだ根付いていないようです。また、お客様に保険を提案する場面においても、保険料や特約の保障範囲などの比較推奨は容易にできても、保険本来の商品力である保全機能の情報収集をして比較推奨することは、なかなか大変なことです。

　そこで、皆さまに代わって各保険会社にアンケートを取り、一覧表にまとめました。保険料や返戻率、特約の保障範囲に加えて「保全機能」も比較推奨のポイントにされてみてはいかがでしょうか。

　各保険会社にお送りしたアンケートは、詳細な質問項目でしたが、誌面の都合上、質問項目を抜粋して掲載しました。加入年度や保険商品ごとに取扱いが異なることもありますので、比較項目のポイントの参考としていただき、コンサルティングの際には、お客様の属性や具体的な商

品について個別にご確認いただきますようお願いいたします。

それでは各商品の機能についてポイントをご紹介します。

●健康状態を問わず「収入保障保険」の変換が可能な保険会社

収入保障保険の重要な選択ポイントである「変換」が可能とご回答いただいた保険会社を、抜粋して記載しました。表の質問項目以外にも変換可能となる保険金額は、その時点の一時金受取額の範囲内とする保険会社と2年後の保険金額やその時点の保険金額の8割の範囲内とする保険会社などがあり、告知で加入した場合では制限されることもあるようです。また、定期保険への変換が可能な保険会社でも、短期間の定期保険に変換が可能な保険会社と元の収入保障保険の満了日よりも長期間であることなど、各保険会社の規定が異なります。

●健康状態を問わず「定期保険」の変換が可能な保険会社

歳満了の定期保険は自動更新ができない保険会社では、保障切れを防ぐためには「変換」の可否は重要なポイントとなります。そのなかでも、原契約の満了までの保険期間の制限の有無は選択ポイントになります。満了までの残余保険期間が2年以上必要な保険会社では、満了直前に発病したような場合では保障を確保できないケースも出てきてしまいます。

●健康状態を問わず「長期平準定期保険」の変換が可能な保険会社

定期保険と長期平準定期保険では規定が異なる保険会社もありますので注意が必要です。長期平準定期保険の変換の理由を考えると、手元資金の確保と保険料負担の軽減をしながら保障を確保することではないでしょうか。ですから、変換可能な保険金額は保険金額から解約返戻金を差し引いた額ではなく、「保険金額以下」が望ましく、変換できる保険種類については「定期保険」が望ましいと言えます。

付録●各生命保険会社の保険商品の保全機能に関するアンケート

● 定期保険の保険期間の延長

　保険期間の延長は告知の有無と何歳まで延長が可能なのかがポイントとなります。また、年満了の契約では延長はできないとする保険会社もあるので注意が必要です。

● 養老保険の保険期間の延長

　養老保険でも告知の有無と延長可能期間がポイントとなります。また、普通養老は不可とし特殊養老は可とする保険会社もありますので注意が必要です。

● 健康状態を問わず「定期保険」の保険期間の短縮が可能な保険会社

　定期保険の短縮と再延長が状況に応じて自由自在に繰り返せれば、理想的な保険と言えるのではないでしょうか。

● 健康状態を問わず「養老保険」の保険期間の短縮が可能な保険会社

　定期保険同様に養老保険でも、短縮と再延長が状況に応じて自由自在に繰り返せる保険会社があります。短縮と延長による責任準備金の差額の払戻しと払込みは、定期保険と真逆になりますので、その活用シーンがあるのか考えてみてください。

● 短期払いの「定期保険」「終身保険」の保険料払込期間の延長

　学資保険代わりにも使われた定期保険や終身保険の短期払いですが、払込期間の延長ができれば学資を払い出して保障を継続することも可能となります。告知が不要であれば、大きな病気を患ったときにも、保障を継続しながら治療費を捻出することも可能となります。

● 終身保険の延長（定期）保険への変更

延長保険に変更できるか否かが終身保険選択の大きなポイントとなりますが、延長可能期間もチェックが必要です。元の終身保険の保険料払込期間までとする保険会社では、延長保険に変更するタイミングによっては、思わぬ保障切れとなってしまうことも考えられます。また、終身払いの終身保険は延長保険への変更を不可とする保険会社もあります。

▼ アンケートにご回答いただきました保険会社

アクサ生命保険株式会社／アクサダイレクト生命保険株式会社／アフラック生命保険株式会社／SBI生命保険株式会社／エヌエヌ生命保険株式会社／FWD富士生命保険株式会社／オリックス生命保険株式会社／株式会社かんぽ生命保険／ソニー生命保険株式会社／損保ジャパン日本興亜ひまわり生命保険株式会社／第一生命保険株式会社／大樹生命保険株式会社／東京海上日動あんしん生命保険株式会社／ニッセイ・ウェルス生命保険株式会社／日本生命保険相互会社／富国生命保険相互会社／マニュライフ生命保険株式会社／三井住友海上あいおい生命保険株式会社／明治安田生命保険相互会社／メットライフ生命保険株式会社／ライフネット生命保険株式会社

▼ アンケートにご回答いただけなかった保険会社

朝日生命保険相互会社／カーディフ生命保険株式会社／ジブラルタ生命保険株式会社／住友生命保険相互会社／大同生命保険株式会社／太陽生命保険株式会社／フコクしんらい生命保険株式会社／プルデンシャル生命保険株式会社／みどり生命保険株式会社／メディケア生命保険株式会社／楽天生命保険株式会社

（2019年4月現在）

付録●各生命保険会社の保険商品の保全機能に関するアンケート

〈健康状態を問わず「収入保障保険」の変換が可能な保険会社〉

保険会社名	契約形態	契約後経過期間	変換可能年齢	変換可能な保険種類
メットライフ生命	年満了	2年超	後契約の保険種類の新規取扱基準内であること	・終身保険 ・一時払終身保険 ・養老保険 ・長期平準定期保険
	歳満了			
三井住友海上 あいおい生命	年満了	2年超	後契約の保険種類の新規取扱基準内であること	・終身保険 （低解約返戻金型） ・養老保険
	歳満了			
東京海上日動 あんしん生命	年満了	2年超 （契約日が2007年4月2日以降は3年超）	後契約の保険種類の新規取扱基準内であること	・終身保険 ・養老保険
	歳満了			
オリックス生命 商品名：Keep	年満了	2年超	後契約商品の契約可能年齢の範囲内	・解約払戻金抑制型定期保険 ・定期保険 ・養老保険 ・終身保険［ライズ］ ・定期保険特約
	歳満了			
ソニー生命	年満了	2年超	80歳以下	・養老保険 ・特殊養老保険変額保険 ・終身保険 ・変額保険 ・平準定期保険 ・米ドル建終身保険 ・米ドル建養老保険 ・米ドル建特殊養老保険
	歳満了			
マニュライフ生命	年満了	取扱いなし		
	歳満了	2年超	後契約の保険種類の新規取扱基準内であること	・終身保険
大樹生命	年満了	2年超	前契約の保険期間満了前まで	・無配当定期保険 ・利差配当付終身保険
	歳満了			
ひまわり生命	年満了	取扱いなし		
	歳満了	2年超	・無CV収入保障保険…80歳以下収入保障保険 ・収入保障特約…85歳以下	・終身保険 ・定期保険 ・低解約返戻金型終身保険 ・低解約返戻金型定期保険 ・無解約返戻金型定期保険
FWD富士生命	年満了	取扱いなし		
	歳満了	2年超	変更時の被保険者の年齢が75歳以下	・低解約返戻金型終身保険 ・終身保険 ・養老保険 ・定期保険

※本アンケートは平成30年に実施したものであり、各保険会社の取扱いは将来変更される可能性があります。また、個別の保険商品、加入年度によっても取扱いが異なる場合があります。詳細については保険会社にご確認ください。

〈健康状態を問わず「定期保険」の変換が可能な保険会社〉

保険会社名	原契約について		変換後の契約	
	契約後 経過期間	満了までの 残余期間	変更可能な 保険金額	変換可能な保険種類
メットライフ生命	2年超	制限なし	保険金額以下	・終身保険 ・一時払終身保険 ・養老保険 ・長期平準定期保険
あいおい生命	2年超	制限なし	保険金額以下	・終身保険 （低解約返戻金型） ・養老保険 ・新収入保障保険 （払込期間中無解約返 戻金型）（Ⅰ型のみ） ・無解約返戻金型逓減 定期保険
アクサ生命	2年超	制限なし	保険金額以下	・無配当終身保険 ・非更新型定期保険特約 ・非更新型家族収入特約
あんしん生命	2年超 （契約日が 2007年4 月2日以降 は3年超）	満了2年前まで （更新可能な場合 は満了2ヵ月前ま で）	保険金額－解約返 戻金額	・終身保険 ・養老保険 （2019年9月2日より 定期保険も可）
オリックス生命 商品名： ファインセーブ	2年超	2年超	保険金額－解約返 戻金額	・定期保険 ・低解約払戻定期保険 ・養老保険 ・終身保険［ライズ］ ・定期保険特約
オリックス生命 商品名：定期保険	2年超	2年超	保険金額－解約返 戻金額	・養老保険 ・終身保険［ライズ］ ・定期保険特約
富国生命	2年超	満了または 解約の日から 1ヵ月以内	保険金額以下	変換時に販売している 死亡保障商品
FWD富士生命	2年超	―	保険金額以下	・低解約返戻金型終身保険 ・終身保険 ・養老保険 ・定期保険

付録●各生命保険会社の保険商品の保全機能に関するアンケート

保険会社名	原契約について		変換後の契約	
	契約後 経過期間	満了までの 残余期間	変更可能な 保険金額	変換可能な保険種類
ソニー生命	2年超	2年超	契約日が2009年 11月2日以降は、 死亡保険金額－解 約返戻金額	・養老保険 ・特殊養老保険 ・5年ごと利差配当付 　養老保険 ・変額保険 ・有期払込方式終身保険 ・平準定期保険 ・米ドル建終身保険 ・米ドル建養老保険 ・米ドル建特殊養老保険
第一生命	2年超	満了日の翌日	保険金額以下	・終身保険 ・逓減定期保険
ひまわり生命	2年超	制限なし	保険金額以下	・終身保険 ・定期保険 ・養老保険 ・低解約返戻金型終身保険 ・低解約返戻金型定期保険 ・無解約返戻金型定期保険

※本アンケートは平成30年に実施したものであり、各保険会社の取扱いは将来変更される可能性が
　あります。また、個別の保険商品、加入年度によっても取扱いが異なる場合があります。詳細に
　ついては保険会社にご確認ください。

〈健康状態を問わず「長期平準定期保険」の変換が可能な保険会社〉

保険会社名	変換前の契約		変換後の契約	
	契約後 経過期間	変換時の被保険者 の年齢制限	変更可能な 保険金額	変換可能な保険種類
メットライフ生命	2年超	新規取扱基準	保険金額以下	・終身保険 ・一時払終身保険 ・養老保険
あいおい生命	2年超	新規取扱基準	保険金額以下	・終身保険 　（低解約返戻金型） ・養老保険 ・新収入保障保険 　（払込期間中無解約返 　戻金型）（Ⅰ型のみ） ・無解約返戻金型逓減 　定期保険
アクサ生命	2年超	新規取扱基準	保険金額以下	・無配当終身保険 ・非更新型定期保険特約 ・非更新型家族収入特約
FWD富士生命	2年超	75歳以下	変更時の死亡保険 金額以下	・低解約返戻金型終身保険 ・終身保険 ・養老保険 ・定期保険
ひまわり生命	2年超	85歳以下	保険金額以下	・終身保険 ・定期保険 ・養老保険 ・低解約返戻金型終身保険 ・低解約返戻金型定期保険 ・無解約返戻金型定期保険 　（低解約返戻金型定期 　保険は無解約返戻金型 　定期保険の取扱不可）
あんしん生命	2年超 （契約日が 2007年4 月2日以降 は3年超）	新規取扱基準	保険金額－解約返 戻金の額	・終身保険 ・養老保険 （2019年9月2日より 定期保険も可）
オリックス生命 商品名： ロングターム7	2年超	新規取扱基準	保険金額－解約返 戻金の額	・定期保険 ・養老保険 ・終身保険［ライズ］ ・定期保険特約
ソニー生命	2年超	80歳以下	契約日が2009年 11月2日以降は 保険金額－解約返 戻金の額	・養老保険 ・特殊養老保険 ・5年ごと利差配当付養 　老保険 ・変額保険 ・有期払込方式終身保険 ・平準定期保険 ・米ドル建終身保険 ・米ドル建養老保険 ・米ドル建特殊養老保険 ・長期平準定期保険

※本アンケートは平成30年に実施したものであり、各保険会社の取扱いは将来変更される可能性が
あります。また、個別の保険商品、加入年度によっても取扱いが異なる場合があります。詳細に
ついては保険会社にご確認ください。

付録●各生命保険会社の保険商品の保全機能に関するアンケート

〈定期保険の保険期間の延長〉

保険会社名	契約形態	可・否	選択方法	延長可能期間	満了までの残余期間
アフラック	年満了	不可			
	歳満了	可	告知	95歳	2年以上
ソニー生命（標準定期として回答）	年満了	不可			
	歳満了	可	無診査	99歳	2年以上
FWD富士生命	年満了	可	告知	保険期間、保険料払込期間によって異なる（不可のケースもある）	1年以上
	歳満了				
メットライフ生命	年満了	可	告知等（保険金額等により異なる）	80歳以下	2年以上
	歳満了				
SBI生命	年満了	可	告知	90歳まで	1ヵ月以上
	歳満了				
アクサ生命	年満了	可	告知	新契約基準	1年以上
	歳満了				
あんしん生命	年満了	可	無診査	99歳（契約日が2009年8月1日以前は最長98歳）新契約基準	1年以上
	歳満了				
あいおい生命	年満了	可	無診査	新契約基準	2年以上（年払いの場合は次回契約応当日から起算）
	歳満了				
オリックス生命 商品名：ファインセーブ	年満了	可	無診査	35年（35年契約延長不可）	2年以上（ただし更新可能な契約である場合はこの限りではない）
	歳満了			90歳	
オリックス生命 商品名：定期保険	年満了	可	無診査	39年（39年契約は延長不可）	2年以上（ただし更新可能な契約である場合はこの限りではない）
	歳満了			98歳	
ひまわり生命	年満了	可	無診査	新契約基準	契約により1年以上
	歳満了				契約により1年または2年以上

※本アンケートは平成30年に実施したものであり、各保険会社の取扱いは将来変更される可能性があります。また、個別の保険商品、加入年度によっても取扱いが異なる場合があります。詳細については保険会社にご確認ください。

〈養老保険の保険期間の延長〉

保険会社名	選択方法	契約後経過期間	満了までの残余期間	延長可能期間
FWD富士生命	告知	3年超	1年以上	99歳（保険期間11年以上の契約に限る）
メットライフ生命	告知等（保険金額等により異なる）	3年超	2年以上	82歳
アクサ生命	告知	2年超	1年以上	新契約取扱内規
ソニー生命（特殊養老は可普通養老は不可、年満了不可）	無診査	保険期間の2分の1超を経過した翌々年単位応当日	2年超	70歳
あいおい生命	無診査	3年経過後	2年超（年払いの場合は次回契約応当日から起算）	新契約基準
あんしん生命	無診査	特になし	1年超	新契約基準
オリックス生命商品名：養老保険（新規契約での取扱いなし）	無診査	2年超	2年超（ただし更新可能な契約である場合はこの限りではない）	年満了30年（30年契約の場合延長不可）歳満了80年
第一生命	無診査	3年超	2ヵ月超	90歳
ひまわり生命	無診査	特になし	契約により1年または2年超	新契約規定

※本アンケートは平成30年に実施したものであり、各保険会社の取扱いは将来変更される可能性があります。また、個別の保険商品、加入年度によっても取扱いが異なる場合があります。詳細については保険会社にご確認ください。

付録●各生命保険会社の保険商品の保全機能に関するアンケート

〈健康状態を問わず「定期保険」の保険期間の短縮が可能な保険会社〉

保険会社名	短縮後の再延長	契約後経過期間	短縮可能な短縮後の最低残余保険期間
メットライフ生命（長期平準定期は不可）	不可	3年超	変更後の保険期間の残余期間が2年以上
大樹生命	不可	制限なし	変更後の保険料払込期間が1年以上あること
FWD富士生命	可	3年超	変更前の保険期間満了年齢によって異なる。3年、もしくは10年
富国生命	可	特になし	短縮後の保険期間が1年以上あること
明治安田生命個人定期保険	可	特になし	変更後期間の1年前まで
あいおい生命	可	3年超	変更後の契約の満了日まで1年超必要
アクサ生命	可	2年超	契約当時の新契約取扱内規による
アフラック	可	3年超	短縮後の保険期間が2年以上あること
あんしん生命	可	制限なし	変更時点で有効な新契約取扱基準の範囲内
ひまわり生命	可	3年超	―

※本アンケートは平成30年に実施したものであり、各保険会社の取扱いは将来変更される可能性があります。また、個別の保険商品、加入年度によっても取扱いが異なる場合があります。詳細については保険会社にご確認ください。

〈健康状態を問わず「養老保険」の保険期間の短縮が可能な保険会社〉

保険会社名	短縮後の再延長	契約後経過期間	短縮後の残余保険期間
メットライフ生命	不可	3年超	2年超
第一生命	不可	3年超	2ヵ月超
大樹生命	不可	制限なし	変更後の保険料払込期間が1年以上あること
FWD富士生命	可	3年超	1年超
あいおい生命	可	3年超	1年超
アクサ生命	可	2年超	1年超
あんしん生命	可	制限なし	制限なし
オリックス生命（新規契約での取扱いなし）	可	2年超	2年超
ソニー生命	可	制限なし	2年超
ひまわり生命	可	3年超	2年超
富国生命	可	制限なし	1年超
明治安田生命	可	制限なし	1年超

※本アンケートは平成30年に実施したものであり、各保険会社の取扱いは将来変更される可能性があります。また、個別の保険商品、加入年度によっても取扱いが異なる場合があります。詳細については保険会社にご確認ください。

付録●各生命保険会社の保険商品の保全機能に関するアンケート

〈短期払いの「定期保険」の保険料払込期間の延長〉

保険会社名	払込形態	選択方法	払込期間の延長	払込期間の再延長	契約後経過期間
FWD富士生命	年満了	告知	可	可	3年超
	歳満了				
アクサ生命	年満了	告知	可	可	2年超
	歳満了				
あいおい生命	年満了	無診査	可	可	3年超
	歳満了				
あんしん生命	年満了	無診査	可	可	制限なし
	歳満了				
ソニー生命（標準定期として回答）	年満了	不可			
	歳満了	無診査	可（歳満了から歳満了の変更のみ）	可	制限なし
ひまわり生命	年満了	無診査	可	可	制限なし
	歳満了				

※本アンケートは平成30年に実施したものであり、各保険会社の取扱いは将来変更される可能性があります。また、個別の保険商品、加入年度によっても取扱いが異なる場合があります。詳細については保険会社にご確認ください。

161

〈短期払いの「終身保険」の保険料払込期間の延長〉

保険会社名	払込形態	選択方法	払込期間の延長	払込期間の再延長	変更後の払込期間	契約後経過期間
FWD富士生命	年満了	取扱いなし				
	歳満了	告知	可	可	－	3年以上
アクサ生命	年満了	告知扱い	可	可	契約当時の新契約取扱内規による	2年以上
	歳満了					
あいおい生命	年満了	取扱いなし				
	歳満了	無診査	可	可	－	3年以上
あんしん生命	年満了	取扱いなし				
	歳満了	無診査	可	可	基準なし	いつでも
オリックス生命	年満了	無診査	可	可	2年以上あること	2年以上
	歳満了					
ひまわり生命	年満了	無診査	可	可	新契約規定に準じる	制限なし
	歳満了					

※本アンケートは平成30年に実施したものであり、各保険会社の取扱いは将来変更される可能性があります。また、個別の保険商品、加入年度によっても取扱いが異なる場合があります。詳細については保険会社にご確認ください。

付録●各生命保険会社の保険商品の保全機能に関するアンケート

〈終身保険の延長（定期）保険への変更〉

保険会社名	選択方法	契約者貸付のある場合の延長保険の保険金額	変更可能なタイミング	最長延長可能期間
FWD富士生命	無診査	貸付残高および利息を差し引く	いつでも	保険料払込期間までと80歳の短い期間まで
メットライフ生命	無診査	貸付残高および利息を差し引く	いつでも	100歳
あいおい生命	無診査	同一	契約応当日	保険料払込期間まで
アクサ生命	無診査	貸付残高および利息を差し引く	契約日から6ヵ月以上経過後	保険料払込期間までまたは80歳の短い期間まで
あんしん生命	無診査	原契約の保険金額	いつでも	保険料払込期間までまたは80歳までの短い期間まで
オリックス生命	無診査	貸付残高および利息を差し引く	年払・半年払の場合は契約応当日	90歳
ソニー生命	無診査	貸付残高および利息を差し引く	いつでも	積立利率変動型終身保険は90歳、他は限度なし
大樹生命	無診査	貸付残高および利息を差し引く	いつでも	なし
富国生命	無選択	（原契約の解約返戻金－契約者貸付元利金）を延長保険の一時払保険料に充当する	変更後の延長期間が1年以上あること	保険料払込期間まで
明治安田生命商品名：終身保険パイオニアE	無診査	現行の死亡保険金額と同額	保険料最終入金の次回払込応当年月日	保険料払込期間まで
ひまわり生命	無診査	貸付残高および利息を差し引く	変更後の延長期間が1年以上あること	なし

※本アンケートは平成30年に実施したものであり、各保険会社の取扱いは将来変更される可能性があります。また、個別の保険商品、加入年度によっても取扱いが異なる場合があります。詳細については保険会社にご確認ください。

〈自動振替貸付の可否〉

保険会社名	定期保険	逓増定期保険	養老保険	終身保険
FWD富士生命	可	可	可	可
メットライフ生命	不可	—	可	可
SBI生命	不可	—	—	—
あいおい生命	可	可	可	可
アクサダイレクト	不可	—	—	不可
アクサ生命	可	可	可	可
アフラック	可	—	可	可
あんしん生命	可	可	可	可
	可	可	可	可
オリックス生命	ファインセーブ 不可	—	可	可
	ロングターム7 可	—		
ソニー生命	可	可	可	可
ニッセイ・ウェルス生命	—	可	不可	—
マニュライフ生命	—	—	—	可
ライフネット生命	不可	—	—	—
大樹生命	不可	不可	可	可
かんぽ生命	不可	—	※	※
第一生命	不可	不可	可	可
日本生命	不可	不可	2012年4月1日 以前の商品は可	2012年4月1日 以前の商品は可
富国生命	不可	—	可	可
明治安田生命	不可	不可	可	可
ひまわり生命	可	可	可	可

※本アンケートは平成30年に実施したものであり、各保険会社の取扱いは将来変更される可能性があります。また、個別の保険商品、加入年度によっても取扱いが異なる場合があります。詳細については保険会社にご確認ください。

付録●各生命保険会社の保険商品の保全機能に関するアンケート

〈契約者貸付の可否〉

保険会社名	定期保険	逓増定期保険	養老保険	終身保険
FWD富士生命	可	可	可	可
メットライフ生命	不可	－	可	可
SBI生命	不可	－	－	－
三井住友海上あい おい生命保険	可	可	可	可
アクサダイレクト	不可	該当なし	該当なし	不可
アクサ生命	可	可	可	可
アフラック生命	可	－	可	可
あんしん生命	可	可	可	可
	可	可	可	可
オリックス生命	ファインセーブ 不可	－	可	ライズ 可
	ロングターム7 可			終身保険 可
ソニー生命	可	可	可	可
ニッセイ・ ウェルス生命	－	可	可	－
マニュライフ生命	－	－	－	可
ライフネット生命	不可	－	－	－
大樹生命	可	可	可	可
かんぽ生命	可	－	可	可
第一生命	不可	不可	可	可
日本生命	不可	可	可	可
富国生命	可	－	可	可
明治安田生命	不可	可	可	可
ひまわり生命	可	可	可	可

※本アンケートは平成30年に実施したものであり、各保険会社の取扱いは将来変更される可能性が
あります。また、個別の保険商品、加入年度によっても取扱いが異なる場合があります。詳細に
ついては保険会社にご確認ください。

〈定期保険の更新について〉

保険会社名	歳満了の自動更新	優良体料率の自動更新	回数制限	年数制限	更新可能年齢
メットライフ生命	不可	可	なし	なし	80歳
SBI生命	不可	－	なし	なし	90歳
あいおい生命	可	否	なし	なし	80歳
アクサダイレクト	不可	－	なし	なし	80歳
アクサ生命	不可	－	－	－	－
アフラック	不可	否	なし	75歳以下	80歳
あんしん生命	可	－	なし	なし	90歳
	可	－	なし	なし	90歳
オリックス生命 商品名：ファインセーブ	不可	－	なし	なし	90歳
ソニー生命	可	可	回数制限はなく、更新後の保険期間満了日の翌日に80歳を超えないこと（集団扱いは85歳、保険料払込免除特約が付加されている契約《更新可能種目に限る》は70歳）	年数制限はなく、更新後の保険期間満了日の翌日に80歳を超えないこと（集団扱いは85歳、保険料払込免除特約が付加されている契約《更新可能種目に限る》は70歳）	80歳（集団扱いは85歳、保険料払込免除特約が付加されている契約《更新可能種目に限る》は70歳）
マニュライフ生命	－	－	－	－	－
ライフネット生命	可	－	なし	なし	90歳
大樹生命	－	要診査	なし	20年まで	80歳
かんぽ生命	－	－	－	－	－

付録●各生命保険会社の保険商品の保全機能に関するアンケート

保険会社名	歳満了の自動更新	優良体料率の自動更新	回数制限	年数制限	更新可能年齢
FWD富士生命	可	否	なし	なし	99歳
第一生命	不可	可	回数制限はなく、80歳まで継続なし	20年更新まで	80歳
日本生命	80歳までなら指定年齢到達時に指定年齢を再指定することで可能	―	なし	20年更新まで	80歳
富国生命	可	―	回数制限なし	なし	条件により80歳または85歳
明治安田生命	不可（一部の旧安田商品は可）	―	なし	なし	80歳（集団定期は最長85歳まで）
ひまわり生命	不可（一部の旧商品は可）	要診査	なし	なし	90歳（一部の旧商品は85歳）

※本アンケートは平成30年に実施したものであり、各保険会社の取扱いは将来変更される可能性があります。また、個別の保険商品、加入年度によっても取扱いが異なる場合があります。詳細については保険会社にご確認ください。

●著者紹介●

松木 祐司（まつき ゆうじ）
CFP®・１級FP技能士

外資系損害保険会社・外資系生命保険会社を経て独立系のFPとなる。
独自の理論と分析で、価値ある保険商品の選別と保険の効果を高める活用法の
提案に取り組む。主にドクターのライフプラン実現のためのコンサルティング
や、経済誌・医院経営雑誌、各種セミナーを通じた情報提供・保険営業マンの
教育研修にも取り組んでいる。
https://matsuki-fp.com/

お客様を護る！ 生命保険活用術
～出口から考える生命保険の提案方法

2019年５月30日　初版発行

著　者————松木　祐司
発行者————楠　真一郎
発行所————株式会社近代セールス社
　　　　　　　〒164-8640　東京都中野区新井2-10-11 ヤシマ1804ビル４階
　　　　　　　電　話　03-6866-7586
　　　　　　　ＦＡＸ　03-6866-7596
印刷・製本————株式会社アド・ティーエフ

ⓒ2019 Yuji Matsuki
本書の一部あるいは全部を無断で複写・複製あるいは転載することは、法律で定められ
た場合を除き著作権の侵害になります。

ISBN978-4-7650-2143-2